<그리스도인이면 꼭 알아야 할 성경 지식>

디모데전서

제1권

믿음과 선한 양심을 붙들라(1-3장)

서울솔로몬학교 성경연수원

차 례

이 책에 인용된 성경 구절은 〈한글킹제임스성경〉입니다.

제1과

건전한 교리를 수호하라(1:1-11)

『이제, 계명의 목적은 순수한 마음과 선한 양심과 가식 없는 믿음에서 나오는 사랑이거늘』(딤전 1:5).

"하나님의 사람"에게 주신 목회서신

"디모데전서"는 A.D. 65-68년경에 "바울"이 "디모데"에게 쓴 서신이다. 바울은 자신이 직접 복음을 통해 주님께로 인도한 젊은이 "디모데"에게 편지를 쓴 것인데, 특히 "디모데"는 한 교회(에베소)를 맡고 있는 목자로서, 전담 사역으로 하나님의 부르심을 받은 일꾼이었고, 약 10년 동안 바울 곁에서 섬기기도 했다.

성경에서 "디모데전서," "디모데후서," "디도서," 이상 세 권의 서신을 가리켜 "목회서신"이라고 부른다. 왜냐하면 이 서신들이 "지역 교회의 규범이나 믿음의 건전함과 규율에 관한 문제들"을 다루고 있고, 또 "목회를 위한 여러 가지 실제적인 지침들"을 주고 있기 때문이다. 하지만 그 안에 제시된 모든 명령들이 "지역 교회를 담임하는 목자들"에게만 국한된 것은 아니다. 이는 "구원받은 성도"라면 그 누구라도 마땅히 따라야 할 명령들이기 때문이다. "하나님의 사람"이라 불리는 모든 성도들이 반드시 순종해야 할 명령들인 것이다.

■ 새롭게 깨달았거나 적용할 내용이 있다면 적어 보세요. ■

"하나님의 사람"은 어떤 사람인가?

성경에는 "하나님의 사람"이란 표현이 79회 나오는데, 이 중 단 "두 번"만 제외하고 모두 구약 성경에 나온다. 특히 구체적인 대상을 지칭하면서 "하나님의 사람"이라고 언급하는 경우가 있는데, "모세," "사무엘," "다윗," "엘리야," "엘리사" 등이 그렇다. **반면에 신약 성경에서는 유독 "디모데"에게만 "하나님의 사람"이란 호칭이 붙여지고 있다**. 『**그러나, 오, 하나님의 사람인 네**[디모데]**는 이것들을 피하라. 그리고 의와 경건과 믿음과 사랑과 인내와 온유를 추구하라**』(딤전 6:11). 『**모든 성경은 하나님의 영감으로 주어진 것으로 교리와 책망과 바로잡음과 의로 훈육하기에 유익하니 이는 하나님의 사람이 온전하게 되며, 모든 선한 일에 철저히 구비되게 하려 함이니라**』(딤후 3:17).

"**하나님의 사람**"은 "**하나님 외에는 아무것도 아닌 사람**"이다. 그래서 날마다 자기 자신이 죽은 것으로 여기는 삶을 살고, 오직 영원히 살아 계신 하나님만 드러내고 하나님만 높이는 생애를 산다. "하나님의 사람"은 "하나님의 본성에 동참한 사람"으로, 그리스도의 이름을 부르면서 죄악으로부터 성별된 삶을 살고, 젊음의 정욕을 피하며, 순수한 마음으로 주를 부르고, 의와 믿음과 사랑과 화평을 추구하는 삶을 산다. 또한 "하나님의 사람"은 "**하나님의 말씀을 믿음과 실행의 최종권위로 믿는 사람**"이기에, 하나님의 사람에게는 절대적인 기준이 되는 성경이 그 손에 주어져 있다. 성경이 주어졌다는 것은 그 말씀을 보존해야 할 책임이 맡겨져 있다는 뜻이다. **하나님의 사람은 단순히 말씀을 보관하는 사람이 아니다**. 그저 인간이 쓴 수많은 책들과 함께 서재나 책상 위에 고스란히 보관해 두었다가 주일날 교회에 올 때만 꺼내 드는 사람이 아니다. 하나님의 사람은 언제든지 항상 하나님의 말씀을 지키고 보존하는 사람으로서, 하나님께서 영감으로 기록하시고 섭리로 보존하신 말씀들 가운데 어느 것 하나라도 소홀히 여기지 않고 한 말씀, 한 말씀 신중하게 짚어 가면서 진지하게 묵상하고 철저하게 실행으로 옮기는 사람이다.

어렸을 때부터 성경을 알았던 "디모데"

"디모데"(Timothy)란 이름은 "하나님을 공경한다는 의미"를 갖고 있다. 그는 소아시아 지역 "루카오니아 태생"의 "루스트라 사람"이다(행 16:1). 아버지는 "헬라인"이었고, 어머니는 "유대인"이었다. 특히 어머니의 이름은 "유니케," 할머니의 이름은 "로이스"였는데(딤후 1:5), 그들은 "디모데"를 그가 어릴 때부터 성경으로 양육했다. "루카오니아"라는 거친 세상과 "헬라인" 아버지 밑에서 그리스 철학과 헬라적인 삶의 가치관의 영향을 받아 세상적으로 살 수 있었음에도 불구하고, 그는 좋은 간증을 유지했고, 또 주님께 헌신하는 삶을 살았다. 특히 그는 신약 성경에서 "하나님의 사람"으로 불리는 유일한 인물로서, "하나님의 말씀"을 통해 모든 선한 일에 철저하게 구비된 "하나님의 사람"이었다.

<u>이 모두가 어렸을 때부터 알았던 "성경" 덕분이었다</u>. **『또 어릴 때부터 네가 성경을 알았으니, 그 성경은 너로 그리스도 예수 안에 있는 믿음으로 인하여 구원에 이르도록 지혜롭게 할 수 있느니라』**(딤후 3:15). 또한 디모데가 모든 선한 일에 철저하게 구비된 "하나님의 사람"이 될 수 있었던 것은, 이방인을 위한 사도이자, 2천 년 교회 역사상 최고의 성경 교사인 바울에게서 성경을 제대로 배웠기 때문이다. 이런 사실은 오늘날 마지막 교회 시대의 거칠고 유혹이 많은 "악한 현 세상"에서 성경적인 믿음과 가치관을 지키기 위해서는, "성경 말씀으로 양육하는 것"만이 유일한 방법임을 우리에게 가르쳐 주고 있다. 누군가가 잘 말했듯이, "성경을 읽으면 성경이 우리를 죄로부터 보호해 주지만, 성경을 읽지 않으면 오히려 죄가 우리를 성경으로부터 보호해 준다!"

디모데전서의 "주제"와 "특징"

디모데는 사도 바울의 "가장 신실한 동역자"였다. 그는 바울의 제자로서 바울의 제1차 선교 여행 중에 바울을 통해 구원받았다(딤후 3:11). 그래서 바울은 그를 가리켜 『**믿음 안에서 나의 아들**』(딤전 1:2)이라고 부른다. 또한 그는 바울의 제2차 선교 여행 때 "실라"와 더불어(살전 1:1) 바울과 함께 동행했다(행 16:3). 제3차 선교 여행 때도 소아시아까지 동행했고(행 20:4), 고린도와 에베소에서 바울과 함께 사역했다(롬 16:21, 행 19장). 그리고 바울은 에베소를 떠날 때 "디모데"를 "에베소"에 남겨 두었다. 『**내가 마케도니아로 가면서 너로 하여금 에베소에 머무르라고 권면한 것은 네가 어떤 사람들을 명하여 그들로 다른 교리를 가르치지 못하게 하고**』(딤전 1:3). 이것을 계기로 디모데는 "에베소 교회"를 책임지는 목사가 된다.

그런 디모데에게 "교회에서 어떻게 처신해야 하는지"에 대한 명령과 가르침을 주는 책이 바로 디모데전서이다. 이것은 디모데전서의 "전체 주제"이기도 하다. 『**그러나 만일 내가 지체하면 네가 하나님의 집에서 어떻게 처신해야 하는가를 알게 하려는 것이라. 이 집은 살아 계신 하나님의 교회요, 진리의 기둥과 터전이니라**』(딤전 3:15). 이런 맥락에서 바울은 디모데에게 특별히 염두에 두면서 책임 있게 수행해야 할 "열두 가지 권고 사항"을 다음과 같이 제시하고 있다.

① 디모데전서 1:3-20 → 율법의 목적을 기억하고 그 목적을 왜곡시키는 자들을 주의하라고 권고한다. 또한 복음의 참된 본질을 기억하고 그 복음의 순수성을 유지하기 위해 싸워야 할 필요성을 말하고 있다.

② 디모데전서 2:1-8 → 기도를 지속해야 할 책임과 교회가 기도를 해야 하는 임무에 대해 권면한다.

③ 디모데전서 2:9-15 → 교회 및 가족 안에서 여자가 차지하는 적합한 위치와 증인으로서의 임무를 다루고 있다.

④ 디모데전서 3:1-7 → 앞으로 직분을 맡게 될 감독들(장로들, 목사들)의 자질과 책임에 관해 권고한다.

⑤ 디모데전서 3:8-13 → 집사들에게 동일하게 적용되는 책임을 말하고 있다.

⑥ 디모데전서 3:14-16 → 그리스도의 몸의 본질을 알아야 할 책임에 대해 권면하고, 지역 교회들 안에서 그리스도의 몸이 어떻게 실현되는가에 관한 두드러진 진리들을 말한다.

⑦ 디모데전서 4:1-11 → 로마카톨릭의 가르침은 이미 1세기에 지역 교회들 안으로 스며들고 있었다. 이를 주의해야 할 책임과 경건에 초점을 맞추어야 하는 책임에 관해 언급한다.

⑧ 디모데전서 4:12-16 → 목자로서 개인적으로 거룩함에 이르는 삶과 목회가 부흥하기 위해 지적으로 영적으로 성장하여야 할 것을 말하고 있다.

⑨ 디모데전서 5:1-16 → 나이든 남자들과 여자들, 특히 나이든 과부들을 대하고 지원하는 부분을 언급한다.

⑩ 디모데전서 5:17-25 → 장로들을 다루는 내용과 디모데 자신의 건강을 위한 개인적인 의견을 말한다.

⑪ 디모데전서 6:1-5 → 종과 주인의 올바른 관계 속에서 각각이 지녀야 할 책임에 대해 보여 준다.

⑫ 디모데전서 6:6-21 → 부자들과 돈 문제에 관해 다룬다. 이는 영원한 생명을 가진 성도들로서 "그리스도의 심판석"에서 보상을 받게 될 사람들이기 때문이다.

그 외에도 디모데전서 전반에 걸쳐 "경건"을 강조하고 있는데(1:4,9; 2:2,10; 3:16; 4:7,8; 6:3,5,6,11, "11회"), 특히 『**경건에 이르도록 네 자신을 훈련하라.**』(딤전 4:7)라고 권면하고 있다. 그뿐 아니라 신약 성경에서 유일하게 『**비속하고**

허황된 말장난과 거짓되이 일컬어지는 과학』(딤전 6:20)에 대해서도 경고한다.

바울은 그 누구보다도 "디모데"를 아끼고 사랑했는데, 특히 "인생의 끝자락"에서는 마지막 죽음을 앞두고 "디모데"를 무척 보고 싶어 했다(딤후 4:9,13,21). 그런 "디모데"에게 바울은 『**내 아들아, 그러므로 너는 그리스도 예수 안에 있는 은혜 가운데서 강건하라. 그리고 네가 많은 증인들 가운데서 내게 들은 것들을 신실한 사람들에게 맡기라. 그들이 또 다른 사람들을 가르칠 수 있으리라.**』(딤후 2:1,2)라고 권면했다. **하지만 오늘날 배교한 기독교계는 "신실한 디모데들"을 길러 내는 데 실패했다.** 교회 건물, 학교 건물, 헌금 액수, 교인들의 수, 대형 버스, 교회 재산, 현금, 부동산, 은행 계좌, 유가 증권, 주식 등에만 탐닉한 나머지 "디모데 같은 젊은 일꾼들"을 양성하는 일을 포기해 버린 것이다. 이들은 그저 자기 아들들에게 목사 자리를 "세습"해 주는 데만 혈안이 되어 있을 뿐, 정말로 자격을 갖췄고, 하나님께서 부르신 확실한 증거가 있는 설교자를 강단에 세울 생각이 전혀 없는 것이다.

■ 새롭게 깨달았거나 적용할 내용이 있다면 적어 보세요. ■

다른 교리를 가르치지 못하게 하라(1-4절)

『우리 구주이신 하나님과 우리의 소망이신 주 예수 그리스도의 명령에 따라 예수 그리스도의 사도가 된 바울은, 믿음 안에서 나의 아들 된 디모데에게 *편지하노니,* 하나님 우리 아버지와 예수 그리스도 우리 주로부터 은혜와 자비와 평강이 있을지어다. 내가 마케도니아로 가면서 너로 하여금 에베소에 머무르라고 권면한 것은 네가 어떤 사람들을 명하여 그들로 다른 교리를 가르치지 못하게 하고 꾸며 낸 이야기와 끝없는 족보에 몰두하지 못하게 하려 함이니 이런 것은 믿음 안에 있는 경건한 세움보다는 오히려 의문을 일으킴이라』(딤전 1:1-4).

신약에서 "하나님의 사람"이라는 고귀한 명칭으로 불린 "유일한 사람"은 "디모데"였다. "사도 바울"은 바로 그 "하나님의 사람"에게 여러 가지 명령과 권면들을 주고 있는데, 이 명령은 "하나님의 부르심"을 받고(롬 1:1), 오직 "하나님의 뜻"에 의해(고전 1:1, 딤후 1:1), "하나님의 뜻"에 따라(고후 1:1, 엡 1:1, 골 1:1, 딤후 1:1), 그리고 "하나님의 택하신 자들의 믿음과 경건에 따른 진리의 지식"에 따라(딛 1:1) "사도가 된 바울"이 주는 명령임을 기억해야 한다. 신실한 구령자요, 설교자와 사도로 지명된 자가(딤전 2:7) "하나님의 사람"에게 주는 명령이었던 것이다.

바울은 마케도니아로 가면서 "디모데"를 "에베소"에 머무르게 했는데, 그렇게 한 "첫 번째 목적"은 일단의 사람들로 하여금 "다른 교리"를 가르치지 못하게 하기 위해서였다(3절). "다른 교리"란, 성경에서 말씀하지 않는 "비성경적인 교리"로서, 『**건전한 교리**』(딤후 4:3, 딛 1:9; 2:1)이자, 『**선한 교리**』(딤전 4:6)이며, 『**경건에 따른 교리**』(딤전 6:3)이자, 하나님께서 인정하시는 『**하나님의 교리**』

(딛 2:10)에 부합하지 않는 교리이다. 바울은 이것을 가리켜 『**나의 교리**』(딤후 3:10)라 했는데, 이는 그것이 하나님께서 계시를 통해 바울에게 알려 주신 "신비"와 관련이 있고, 또한 "그리스도의 신비" 안에 있는 "바울의 지식"과 밀접한 관련이 있기 때문이다(엡 3:3,4). 하나님의 사람은 성경적 진리에 상치되는 "다른 교리"를 용납해서는 안 된다. "빌리 선데이"는 이렇게 말했다. "성경이 말씀하는 것과 학자들이 말하는 바가 다르면 학자들이 마귀와 한 편이다." 성경이 기록된 첫 번째 목적은 "교리"를 위한 것이다(딤후 3:16). 따라서 잘못된 교리를 붙들고 있으면, 첫 단추부터 잘못 끼운 것이기에 성경을 통해 제대로 된 유익을 얻을 수 없게 된다.

하나님의 사람에게 요구되는 교리는 성경적인 교리로, 그것은 "선한 교리"이다(잠 4:2). 디모데는 바로 그 "선한 교리"의 말씀들로 양육을 받아 "그리스도의 선한 일꾼"이 될 수 있었다(딤전 4:6). 또한 이 선한 교리는 "건전한 교리"를 말한다. 하나님의 사람은 "건전한 교리"에 부합하는 것만 말할 수 있어야 하고 (딛 2:1), 그 건전한 교리를 통해 비성경적인 "다른 교리들"을 바로잡을 수 있어야 한다(딛 1:9). 한편 바울이 사역하던 당시에는 "다른 교리"를 주장하는 사람들은 물론, "건전한 교리"를 견디지 못하는 사람들이 많았다(딤후 4:3). 아예 관심조차 없는 사람도 허다했다. 오히려 그들은 『**꾸며 낸 이야기**』, 곧 『**불경스럽고 늙은 부녀자들의 꾸며 낸 이야기들**』(딤전 4:7)이나 『**유대인들의 꾸며 낸 이야기**』(딛 1:14), 『**교묘하게 꾸며 낸 이야기**』(벧후 1:16) 따위에 관심을 두었다. 또한 쓸데없이 『**끝없는 족보**』에도 몰두하고 있었는데, "그리스 신화"나 "로마 신화"에 나오는 "신들의 계보"라든지, "유대인 랍비들"이 그들의 백성들과 조상들에 관해 토론했던 『**진리에서 벗어난 사람들의 계명들**』(딛 1:14)이 여기에 해당한다. 중요한 점은, 『**꾸며 낸 이야기와 끝없는 족보**』는 『**의문**』만 일으킬 뿐 결코 『**경건한 세움**』을 이루지 못한다는 사실이다(4절). 『**경건한 세움**』은 오직 『**믿음 안에**』서만 가능하며, 이러한 믿음을 <u>5절에서는</u> 『**가식 없는 믿음**』이라고 말씀하는데, 곧 이러한 믿음만이 『**경건한 세움**』을 이룰 수 있는 것이다. 특히 그러한 믿음은 바르게 보존된 "하나님의 말씀"에서 나온다.

계명의 목적(5-11절)

『이제, 계명의 목적은 순수한 마음과 선한 양심과 가식 없는 믿음에서 나오는 사랑이거늘 어떤 사람들은 이런 것들에서 벗어나서 헛된 언쟁에 빠져 율법 선생이 되고자 하나 자기가 말하는 것이나 주장하는 것에 대해서도 이해하지 못하느니라. 그러나 사람이 율법을 합법적으로만 사용하면 율법이 선한 것인 줄 아노라. 알 것은 이것이니, 율법은 의로운 사람을 위하여 제정된 것이 아니라, 불법자들과, 순종하지 않는 자들과, 경건치 않은 자들과, 죄인들과, 거룩하지 않은 자들과, 속된 자들과, 아비를 죽이는 자들과, 어미를 죽이는 자들과, 살인자들과 음행하는 자들과, 남자로 자신을 더럽히는 자들과, 유괴하는 자들과, 거짓말하는 자들과, 거짓되이 맹세하는 자들과 그 밖에 건전한 교리에 역행하는 것들을 위함이니 이는 복되신 하나님의 영광스러운 복음에 따른 것이며, 이 복음은 내게 맡겨진 것이라』(딤전 1:5-11).

『**계명의 목적**』은 『**사랑**』에 있는데(5절), 이는 이 계명이 "율법의 십계명"이 아니라, 예수 그리스도께서 주신 『**서로 사랑하라**』(요일 3:23)는 계명이기 때문이다. 특히 그 『**사랑**』은 『**순수한 마음과 선한 양심과 가식 없는 믿음에서 나오는 사랑**』인데(5절), 『**어떤 사람들은 이런 것들**』(6절), 곧 『**순수한 마음과 선한 양심과 가식 없는 믿음**』에서 벗어나 『**헛된 언쟁에 빠져**』(6절) 『**율법 선생이**

되고자 하나 자기가 말하는 것이나 주장하는 것에 대해서도 이해하지』(7절) 못한다. 이들은 "율법을 통해 구원을 받을 수 있고(행 15:1), 또 율법을 지켜야만 구원을 유지할 수 있다(행 15:5)"고 주장하면서, 자칭 "율법 선생"이 되고자 하지만, 사실 그들은 자기가 무슨 말을 하고 있는지조차 모른다(7절). 다시 말해 이런 사람들은 율법을 합법적으로 사용하지 않고 불법적으로 사용하는 자들이었다(8절).

"현 교회 시대에 '믿는 자들이 의롭게 되는 것'과 '율법'의 관계"에 대해 성경은 다음과 같이 말씀한다. 『**너희가 모세의 율법으로는 의롭게 되지 못하였던 그 모든 일에 있어서도 믿는 자는 모두 그분을 통하여 의롭게 된다는 것이니라**』(행 13:39, cf. 롬 3:28, 갈 3:11). 믿는 자들은 율법 아래 있지 않고 은혜 아래 있는 것이다! 물론 율법은 "거룩하고, 의로우며, 선한 것"(롬 7:12)이다. 하지만 구원받는 수단이 되지는 못한다. 또한 율법은 의로운 사람을 위해 제정된 것이 아니고, 불경건한 사람들을 위해 제정된 것이다(9,10절). 특히 "건전한 교리"에 역행하는 것들을 위해 제정되었을 뿐이다. 그래서 율법은 불경건한 죄인들의 죄를 밝혀낸다. 그렇게 해서 죄를 깨달은 사람은 구주이신 예수 그리스도의 필요성을 알게 되고, 결국 예수 그리스도께로 인도되는 것이다(갈 2:16; 3:14).

이렇게 사용해야 율법을 합법적으로 사용하는 것이 된다. 다시 말해 어떤 죄인에게 구원받아야 할 필요성을 보여 주기 위해 율법을 사용한다든지, 경건하지 못한 사람의 행위에 대해 도덕적 기준으로서 율법을 사용한다든지, 하나님께서는 죄에 대해 심판하신다는 사실을 그리스도인에게 경고하기 위해 사용한다든지, 사람이 구원받은 후에라도 나쁜 짓을 행했다면 그에 대한 열매를 거둘 것이라는 경고를 하기 위해 사용한다든지 해야 하는 것이다. 그러나 율법의 행위를 인간이 의롭게 되는 수단으로 주장하는 사람은 율법을 불법적으로 사용하는 사람들이다. 한편 바울은 『**건전한 교리에 역행하는 것들**』(10절)에 반대하여 제시하고자 하는 것이 있는데, 바로 『**하나님의 영광스러운 복음에 따른 것**』

(11절)이다. 특히 이 복음은 바울에게 맡겨졌다. 여기서 『**영광스러운 복음**』에 따른 『**건전한 교리**』는 “올바르게 사는 것”(딛 2:1-7)을 가리킨다. 다시 말해 그리스도인은 거짓말쟁이가 되어서는 안 된다. 그리스도인이라면 동성연애자, 살인자, 거짓 맹세하는 자, 속된 자, 불경건한 자, 거룩하지 않은 자, 불법자가 되어서는 안 된다. 우리의 삶 속에서 이런 죄들이 발견된다면 빨리 자백해야 하고, 스스로를 판단해야 하며, 그 죄들로부터 회개하고 돌아서야 한다.

하나님의 사람은 “건전한 교리”를 수호해야 한다. 건전한 교리 외에 그 어떤 것도 용납해서는 안 된다. 그런 것들은 “의문”(4절)이나 “헛된 언쟁”(6절)만 야기할 뿐이다. 오직 “건전한 교리”만이 “하나님의 사람”을 “믿음 안에 경건하게 세워줄 수 있고”(4절), 계명의 목적에 부합하게 “순수한 마음과 선한 양심과 가식 없는 믿음에서 나오는 사랑”(5절)을 나타내게 할 수 있다. “하나님의 사람”인 바울은 “하나님의 사람”으로서 마땅히 해야 할 일들에 대해 “하나님의 사람”인 디모데에게 이러한 것들을 명령하고 있다. 이 명령은 “만물을 살리시는 하나님”과 “선한 고백으로 증거하신 그리스도 예수” 앞에서 내리는 명령이다. 이제 곧 저 공중과 이곳 지상에 나타날 분이시며, 우리 모두 반드시 그 앞에 서서 우리 몸으로 행한 모든 일들에 대해 평가를 받게 될 바로 그분, 모든 피조물이 두려움으로 섬기고 사랑과 감사로 모든 찬양과 영광과 존귀를 영원토록 돌려야 할 전능하신 하나님 앞에서 주시는 엄중한 명령인 것이다.

■ 새롭게 깨달았거나 적용할 내용이 있다면 적어 보세요. ■

NOTES

NOTES

제2과

선한 싸움을 싸우라

(1:12-20)

『아들 디모데야, 내가 너에게 부탁하노니, 전에 너에게 주어진 예언들을 따라 그것으로 선한 싸움을 싸우며 믿음과 선한 양심을 붙들라. 어떤 사람들은 믿음에 대한 선한 양심을 내던지므로 파선하였느니라』(딤전 1:18,19).

능력 주시는 그리스도(12절)

1. 능력 주시는 그리스도

바울은 자신의 능력은 자신의 것이 아니라 그리스도 예수 우리 주께로부터 받았음을 말하고 있다.

『내게 능력 주시는 그리스도를 통하여 내가 모든 것을 할 수 있느니라』(빌 4:13).

그리스도인이 하나님의 일을 하기 위해서는 성령님의 도우심이 필요하다. 성령님의 도우심이 없이는 하나님께서 원하시는 열매가 맺히지 않는다. 하나님의 일은 많은 사람이 모였다고 할 수 있는 것이 아니다. 육신적인 열성은 하나님의 일에서 방해만 될 뿐이다.

한글킹제임스성경은 사역자가 받아야 하는 도우심의 출처를 분명히 밝히고 있다. 사역자들에게 능력을 주시는 분은 그리스도 예수시고 주님의 도우심을 받는 자녀들은 그 안에서 모든 것을 할 수 있는 것이다. 개역성경을 비롯한 변개된 성경은 그리스도를 삭제하고 "그" 또는 "능력 주시는 자"라고 변개시켜 놓았다. 능력은 마귀도 얼마든지 줄 수 있다. 무당도 날카로운 작두 위에서 춤을 춘다. 어떤 자에게 능력을 받을 것인가?

2. 신실함

바울에게 능력을 주시는 그리스도께서는 바울을 신실하게 여기셨다. 신실하다는 것은 모든 부분에서 실수 없이 완벽하다는 뜻이 아니다. 바울은 완벽하지 않았다.

> 『내가 이미 이르렀다 함도 아니요, 이미 온전해졌다 함도 아니라. 다만 나는 붙잡으려고 좇아갈 뿐이라』(빌 3:12).

완벽하지 않고 실수하고 불완전하고 육신적이고 낙심하더라도 그 자리에서 다시 일어나 달린다면 그것이 신실한 것이다. 넘어지지 말라는 것이 아니라 언제 넘어지든, 어디서 넘어지든 그 자리에서 일어나 다시 달려가는 것이 신실함이다. 바울도 이르지 못했고 온전하지도 못했지만 좇아갈 뿐이었고, 그러한 바울을 하나님께서는 신실하게 여겨 주셨다.

> 『형제들아, 나는 내가 붙잡은 것으로 여기지 아니하노라. 다만 한 가지 일, 즉 뒤에 있는 것은 잊어버리고 앞에 있는 것들에 손을 뻗쳐 그리스도 예수 안에서 하나님의 고귀한 부르심의 상을 위하여 그 푯대를 향해 좇아갈 뿐이라』(빌 3:13,14).

신실함은 성도의 선택이다. 신실함은 타고난 재능도 아니고, 안수를 받아야 생기는 것도 아니며, 아주 오랜 시간의 경험이나 수련을 통해 얻을 수 있는 능력도 아니다. 누구나 신실할 수 있고 언제든지 신실할 수 있다.

3. 일반적 부르심 vs 사역에 부르심

바울에게 능력 주신 주님께서는 바울을 신실하게 여기시고 바울에게 직분을 맡기셨다. 능력을 주신 분이 직분을 주셨다. 능력을 받는 것과 부르심을 받는 것은 동시적 사건이 아니다. 하나님께서 한 사람을 부르신 후 대개 5년에서 15년

후에 능력을 주시고 이보다 더 오래 걸려 능력을 받을 수도 있다.

하나님의 부르심과 직분을 맡기심에는 차이가 있다. 모든 그리스도인은 그리스도를 증거하라는 하나님의 부르심을 받았다. 따라서 모든 그리스도인은 그리스도를 증거해야 한다. 하지만 그리스도를 증거하라는 부르심을 받는 것과 직분을 맡기시는 것은 다르다.

직분을 맡기시는 것은 사역으로 부르심을 의미하고 이 경우에 주님께서 사역을 위한 능력을 주신다. 주님의 능력에 도움을 받지 못하는 사역은 곧 열매를 맺지 못하게 되고 인간적 열성만 남게 된다.

직분을 맡기셨다는 것은 일반적인 부르심에 비해 더 심오한 의미가 있다. 그것은 그리스도를 증거하기 위해 하나님의 말씀을 가르치고 전파하는 일 외에는 모두 하나님께 그 처분을 맡기는 것이다.

자비를 입은 바울(13-16절)

1. 바울의 과거

과거의 바울은 히브리인 중의 히브리인으로서(빌 2:4-7) 종교적 열성으로 사람들을 죽였고(행26:10), 고문을 했으며(행 26:11), 그리스도인들로 하나님을 저주하게 만들었다(행 26:11). 유대교를 믿는 데 앞장 서 있던 사람으로 교회를 몹시 박해하고 황폐시켰던 사람이었고, 조상들의 전통을 지키는 데 열성을 냈던 사람이었다(막 7:1-9). 바울에게 예수 그리스도는 불법적인 사생아였고 그의 어머니는 창녀였으며, 그의 아버지는 음행한 자였다(요 8:41). 바울은 이런 말들을 공개적으로 하는 것을 주저하지 않았던 사람이었다. 그렇기 때문에 바울은 자신에 대해 디모데전서 1:15에서 죄인들 중에 우두머리라고 말하고 있다.

바울이 교회를 박해하는 모습은 마치 로마 제국의 황제들에 의한 박해, 로마 카톨릭에 의한 박해, 공산당과 종교 재판소의 박해를 연상케 한다. 이런 죄인들 중에서 우두머리였던 바울을 하나님께서 사용하셨다.

예수 그리스도의 피로 용서하지 못할 죄는 없다. 하나님께서는 예수 그리스도를 "주"라 시인한 바울의 과거를 하나도 기억하지 않으셨다. 하나님께서 기억하지 않는 것은 사람도 기억할 필요가 없다. 그리스도인은 뒤를 돌아봐선 안 된다. 그리스도인은 구원받은 순간 모든 것이 새롭게 되었다!

『그러므로 누구든지 그리스도 안에 있으면 새로운 피조물이라. 옛 것들은 지나갔으니, 보라, 모든 것이 새롭게 되었도다』(고후 5:17).

2. 참된 회개

슬픔에는 두 종류의 슬픔이 있다. 하나님의 뜻대로 하는 슬픔이 있고 세상의 슬픔이 있다. 하나님의 뜻대로 하는 슬픔은 참된 회개에 이르게 한다. 하나님의 뜻대로 하는 슬픔은 '나의 현 상태'에 대한 슬픔이다. 죄인인 나의 상태에 대한 슬픔이다.

『하나님의 뜻대로 하는 슬픔은 구원을 위한 회개에 이르게 하므로 후회할 것이 없느니라. 그러나 세상의 슬픔은 사망에 이르느니라』(고후 7:10).

반면에 세상의 슬픔은 내가 한 일에 대한 슬픔이다. 이것은 자신이 죄를 지었다는 것에 대한 후회이다. 구원받기 위해서는 참된 회개를 해야 한다. 즉 내가 죄인이었다는 사실을 고백해야 한다. 죄를 고백하는 것이 아니라 죄인임을 고백해야 한다. 성경에 없는 고해성사를 통해 죄를 고백하게 하고 지옥으로 사람들을 끌고 들어가는 로마카톨릭은 그 죄인을 지옥에서 건져낼 수 없다.

파라오도 죄를 지었다고 여러 번 자백했다(출 9:27; 10:16). 발라암도 민수기 22:34에서 주의 천사에게 자신의 죄를 자백한다. 사울도 자신의 죄를 자백했다(삼상 15:24). 유다 이스카리옷도 자신의 죄를 자백했다(마 27:4). 하지만 이들은 모두 지옥에 갔다. 하나님의 뜻대로 하는 슬픔이 아닌 세상의 슬픔으로 하는 자백은 그 사람을 구원받게 할 수 없다. 자신이 지었던 죄에 대한 후회와 슬픔으로는 구원받을 수 없다.

참된 회개는 자신이 죄인이라는 상태에 대한 슬픔으로 하나님의 구원 계획에 전적으로 의존해야 구원받을 수 있다. 참된 회개는 자신이 죄인이라는 것을 시인하는 것에서 멈추는 것이 아니다. 세상과 죄악을 향해 달려가던 자신을 발견하고 슬퍼한 후에 하나님을 향해서 달려가는 것이 참된 회개이다.

참된 회개는 불평을 사라지게 한다. 참된 회개는 불만을 제거해 준다. 참된 회개는 자기주장을 고집하지 않는다. 참되 회개는 말씀에 온전히 순종할 수 있게 한다. 참된 회개는 하나님의 마음을 움직인다. 바울은 죄인의 우두머리였지만 하나님께 이방인의 사도로 쓰임받게 된다.

3. 신실한 말씀

그리스도 예수께서 죄인들을 구원하시려 세상에 오셨다는 말씀은 신실하다. 목회서신에서 "이 말씀은 신실하며"라는 말씀은 네 번 언급된다(딤전 1:15; 4:9, 딤후 2:11, 딛 3:8). 목회서신에서 처음으로 언급된 신실한 말씀은 예수 그리스도께서 구원하시려고 세상에 오셨다는 말씀이다(딤전 1:15). 두 번째로 언급된 신실한 말씀은 경건 안에서 자신을 훈련해야 한다는 것이며(딤전 4:9), 그 다음는 부활과 관련된 문맥(딤후 2:11)이고, 네 번째는 영원히 의롭게 되는 영원한 영광과 관련된 문맥(딛 3:8)에서 나온다.

예수 그리스도께서 오신 목적은 죄인들을 구원하기 위함이다. 교회를 세우고, 하나님의 사랑을 나누고, 하나님께 다가가는 길을 보여 주는 일들도 중요하지만, 예수님께서 오신 첫 번째 목적이자 가장 중요한 목적은 죄인들을 구원하시기 위해 오셨다는 것이다. 구원받은 그리스도인 역시 복음 전파가 주님께서 나를 땅에 두신 가장 중요한 이유라는 것을 알고 있어야 한다.

4. 바울을 본으로 삼으심

하나님께서는 오래 참으신다. 바울은 자신이 죄인들 중에서 우두머리라고 했다. 하지만 하나님께서는 아주 나쁜 죄인들을 다루심에 있어서 오래 참으신다. "본"은 바울의 말처럼 "내 안에서"이다. "본"은 바울 안에서 발견되었다. 바울이 회심한 후에 그가 보여 주었던 것처럼 오래 참고 인내하는 본을 따라야 한다.

하나님께서 바울을 본으로 제시하신 것은 어떻게 고난을 견디어야 하는지 보여주기 위함이다. 하나님께서는 어떤 사람이 믿음으로 구원을 받는 데 있어서는 어떠한 본도 제시하지 않으신다. 에디오피아 내시는 죄인들의 우두머리가 아니었고 자신도 그렇게 생각하지 않았다. 코넬료 역시 죄인들의 우두머리가 아니었다. 코넬료는 "경건한 사람으로 온 집안과 더불어 하나님을 두려워하고 백성을 많이 구제하며 하나님께 항상 기도"했던 사람이다(행 10:2). 디모데는 어린 나이에 구원 받았다.

『우리는 그리스도를 위하여 어리석은 자들이지만 너희는 그리스도 안에서 현명하도다. 우리는 약하지만 너희는 강하고 너희는 존귀하나 우리는 비천하도다. 지금 이 시간까지도 우리는 주리고 목마르며 헐벗고 매맞으며 정처가 없고 우리 손으로 일함으로써 수고하며 욕을 먹으면 축복하고 박해를 받아도 참으며 비방을 받으나 권면하고, 세상의 쓰레기같이 되며 지금까지 만물의 찌꺼기가 되었도다』(고전 4:9-14).

찬양받으시기에 합당하신 하나님(17절)

1. 영원하신 왕

하나님께서는 영원하신 분이시다. 따라서 하나님께서 맡기신 복음 전파 사역의 열매는 하나님께 영원히 기억된다.

『현명한 자들은 창공의 광명처럼 빛날 것이요, 많은 사람을 의로 돌이키는 자들은 별들처럼 영원무궁토록 빛나리라』(단 12:3).

하나님께서는 영원하신 분이시다. 따라서 구원받지 못한 사람들은 영원히 고통받아야 한다. 고통이 끝나지 않는다는 것은 그 자체로 저주이고 절망이다. 하지만 하나님께서는 영원하신 분이시기 때문에 하나님의 피로 씻기지 않은 죄인은 영원한 멸망을 받게 된다.

반면에 구원받은 성도들의 경우엔 영원한 생명이고 영원한 기쁨이다. 그리스도인이 하늘로 올라가게 되면 그룹들과 천사들과 함께 하나님을 영원무궁토록 찬양하게 될 것이다. 이러한 찬양은 너무 큰 기쁨을 주체하지 못해서 나오는 찬양이다. 그리스도인들은 이렇게 큰 기쁨을 누리며 영원토록 빛날 것이다.

2. 썩지 아니하시는 분

하나님께서는 썩지 아니하시는 분이시고, 그분의 자녀들인 그리스도인도 그러한 몸으로 변화될 것이다.

『보라, 내가 너희에게 한 가지 신비를 말하노니 우리가 다 잠잘 것이 아니요 오히려 우리가 모두 변화될 것이니 마지막 나팔 소리에 눈깜짝하는 순간에 그러하리라. 나팔 소리가 나면 죽은 자들이 썩지 아니하는 몸으로 일으켜지며 우리도 변화되리라』(고전 15:51,52).

그리스도인도 하나님처럼 썩지 아니하는 존재가 된다. 흙으로 지어진 먼지 같은 존재이고 죄 가운데 살던 죄인들이었는데 썩지 않는 영광스런 몸을 입게 되는 것이다.

3. 보이지 아니하시는 분

하나님께서는 보이지 아니하시는 분이기 때문에 믿음이 필요하다. 믿음은 바라는 것들에 대한 실상이요 보이지 않는 것들에 대한 증거(히 11:1)이기 때문이다. 하나님은 보이지 않으시지만 성도는 믿음으로 세상들이 하나님의 말씀으로 지어진 것을 깨달을 수 있다.

『믿음으로 우리는 세상들이 하나님의 말씀으로 지어진 것을 깨닫나니 보이는 것들은 나타나는 것들로 된 것이 아니니라』(히 11:3).

4. 홀로 지혜로우신 하나님

하나님과는 비교할 대상이 없다. 세상에는 우상들도 많고 사람들이 섬기는 이방 신들도 많고 헛것들을 섬기는 종교인들도 많지만 하나님과 비교할 수 있는 대상은 이 세상에 존재하지 않는다. 지혜와 지식은 마귀도 월등하다. 하지만 하나님의 지혜와 지식에는 비교할 수 없다. 하나님의 지혜는 독보적이고 압도적이며 모든 것보다 우위에 있는 지혜이다. 하나님은 홀로 지혜로우신 분이다.

『곧 홀로 지혜로우신 하나님께 예수 그리스도를 통하여 영광이 영원토록 있을지어다. 아멘』(롬 16:27).

선한 싸움을 싸우라(18절)

1. 영적 아들을 부르는 바울

아들을 가장 사랑하는 사람은 아버지이다. 성경에서도 첫 번째로 언급되는 사랑은 남녀 간의 사랑이 아니라 아버지(아브라함)의 아들(이삭)에 대한 사랑이다. 바울은 내가 복음을 통해 너희를 낳았다고 말하는데, 이것은 그들을 향한 바울의 애틋한 사랑과 그 마음을 표현한 것이다.

사도 바울은 세상이 주는 사랑에 현혹되지 말고 아버지로서 주는 사랑의 권고를 받아 나를 따르는 자들이 되라고 말하고 있다(고전 4:15,16). 디모데에게도 아버지로서 사랑하는 마음으로 부탁하고 있다.

2. 영적 아버지로서 아들에게 부탁한 것

① 올바른 교리를 가르치라(3,4절)

② 회심자들에게 은혜로 구원받은 목적을 일깨워 주는 것(5,6절)

③ 거짓 교사들이 율법을 왜곡시킬 것이라는 사실을 경고하는 것

④ 구원은 전적으로 은혜로 받는 것이고, 값 주고 사는 것이 아니라고 일깨워 주는 것(12-15절)

⑤ 고난받고 인내하도록 바울을 부르신 이유는 회심자들에게 본으로 보여 주고자 하신 목적이라는 것(16절)

⑥ 이에 따른 영광은 하나님 한 분에게만 속한다는 것

3. 선한 싸움을 싸우라

그리스도인은 싸우는 사람들이다. 왜냐하면 그리스도인이 생활하는 곳은 전쟁터의 한복판이기 때문이다. 그리스도인에게 안전한 곳은 이 땅에 없다. 육신은 그리스도인에게 죄를 짓게 하고 세상은 그리스도인에게 죄를 보여 주며 마귀는 그리스도인을 죄 가운데로 끌고 간다. 육신과 세상과 마귀는 항상 그리스도인이 죄에 동참하길 원하고 동참하지 않으면 동참할 때까지 그리스도인을 조롱하며 미워한다.

평화는 적그리스도의 슬로건이고 마귀의 슬로건이다. 진리와 비진리는 타협

할 수 없다. 타협하지 않기 때문에 진리이다. 전쟁터라는 것을 인지해야 하고, 싸워야겠다고 결의를 다져야 하고, 대적할 것들에 대해 적개심을 품어야 한다.

4. 선한 싸움에서 사용하는 전쟁 무기

『이는 우리가 육신 안에서 행하지만 육신을 따라 싸우지는 아니함이니 (우리의 전쟁 무기는 육신적인 것이 아니요, 오직 하나님을 통하여 견고한 요새들을 무너뜨리는 능력이라.)』(고후 10:3,4).

그리스도인이 싸워야 하는 선한 싸움의 전쟁 무기는 말씀과 기도이다. 이 무기를 사용하기 전에 알아야 할 가장 중요한 사실은 영적 전쟁에서는 육신을 따라 싸워서는 안 된다는 것이다.

우리 그리스도인들은 치열한 영적 전쟁을 치르면서 산다. 이 전쟁은 창세기 3장에서 시작하여 지금에 이르고 있으며, 요한계시록 20장에 이르러서야 끝날 것이다. 이 전쟁은 두 진영으로 나누어 싸우는 것인데, 하나님의 진영과 사탄의 진영이다. 하나님의 진영은 성령께서 주관하시고, 사탄의 진영은 사탄이 주관한다. 예수 그리스도의 복음을 듣고 성령으로 거듭난 사람은 하나님의 나라에 속하고, 그 복음을 거부하여 거듭나지 못한 사람은 세상에 속한다. 여기에는 중립 지대도 없고 예외도 없다. - 한글킹제임스성경 서문

영적 전쟁에서 육신을 신뢰하는 것은 곧 패배와 같은 말이다. 따라서 자신의 교육, 지혜, 재능, 돈, 머리, 교양, 배경, 혈통, 가문, 명성, 성품, 능력 등을 철저

히 배제해야 한다. 마귀는 6,000년 인류 역사에서 예수 그리스도를 제외하고는 모든 인간을 대상으로 단 한 번도 패배해 본 적이 없다. 마귀는 사람보다 월등히 강한 자이기 때문이다.

『이는 우리의 싸움이 혈과 육에 대항하는 것이 아니라 정사들과 권세들과 이 세상 어두움의 주관자들과 높은 곳들에 있는 영적 악에 대항하는 것이기 때문이니라』(엡 6:12).

누군가가 전쟁은 지옥과 같다고 말했는데 적절한 비유이다. 왜냐하면 지옥의 모든 요소들이 전쟁 안에 있기 때문이다. 그곳에는 혼란과 저주, 울부짖음과 절규가 있으며, 절망과 불길, 모든 불행과 슬픔, 광기와 더러움으로 가득 차 있기 때문이다. - 피터 럭크만

믿음과 선한 양심을 붙들라(19,20절)

1. 믿음과 선한 양심을 붙들라

양심은 더럽혀질 수 있고 무디어질 수 있고 심지어 화인 맞은 양심이 될 수도 있다. 화인 맞은 양심은 그 어떤 죄에도 찔림이나 자극을 받을 수 없다. 즉 완전히 고장 난 사람이 되는 것이다. 약하지만 살고자 하는 부상병이 아니다. 이미 죽어 버린 사람과 같은 상태이다.

믿음에 대한 선한 양심을 내던진 그리스도인은 죽은 사람과 차이가 없는 그

리스도인이다. 파선은 배가 깨어졌다는 말이다. 바다를 항해하던 배가 깨졌다면 배 안에 있는 모든 것들이 가라앉게 된다. 배 안에 있는 물건들은 배의 안전에 그 운명이 달려있다. 또한 배가 안전해야 그 물건들의 가치도 보존된다. 배가 파선하면 아무리 좋은 성능의 물품도, 아무리 값비싼 보석도 물속으로 가라앉게 된다. 배가 안전해야 배 안에 있는 모든 것도 안전할 수 있다. 믿음이 파선된다면 그 안에 담겨 있던 모든 진리의 지식과 복된 소망과 성경을 통해 받은 수많은 약속들도 모두 가라앉게 된다. 결국 구원받은 사람이 파선하게 되면 자연인과 다를 게 없어진다. 파선한 그리스도인들 중에는 조용히 사라지지 않고 돌변하여 그동안 함께 믿음 생활을 했던 그리스도인들을 공격하기도 한다. 적군의 편에서 아군을 향해 총을 쏘는 자들이 되는 것이다.

『그들의 말은 종창처럼 퍼져 나갈 것이며 그들 가운데는 후메내오와 필레토가 있느니라. 그들은 진리에 관해서는 정도를 벗어나서 부활이 이미 이루어졌다고 말하여 어떤 사람들의 믿음을 뒤엎고 있느니라』(딤후 2:17,18).

2. 사탄에게 내어준 자들

바울은 후메내오와 알렉산더를 사탄에게 내주었다. 이것은 자기 아버지의 아내와 음행한 남자에게 실행하라고 권고했던 내용이다.

사탄에게 내주는 것은 기도를 통해서 이루어지는 것이고 이 방법만이 사탄에게 내어줄 수 있는 유일한 방법이다. 또한 사탄에게 넘겨주는 것은 육신을 멸망케 하는 일이지만 그 사람을 지옥에 가게 한다는 말은 아니다. 한번 구원받은 사람의 몸은 죄로 인해 이 땅에서 일찍 죽을 수 있어도 구원은 영원히 보장되기 때문에 휴거 때 죽은 자들과 함께 일으켜져 공중으로 들려 올라갈 것이다.

제2과 복습문제

1. 성령님의 도우심이 없이 그리스도인의 열성만으로 열매를 낼 수 있다. (O , X)

2. 신실함이란 모든 면에서 철두철미하고 완벽한 모습을 말한다. (O , X)

3. 모든 그리스도인들은 하나님께 부르심을 받았으며 하나님의 부르심과 능력 주심은 동시에 일어나게 된다. (O , X)

4. 『하나님의 뜻대로 하는 (   )은 구원을 위한 회개에 이르게 하므로 후회할 것이 없느니라. 그러나 세상의 (   )은 사망에 이르느니라』(고후 7:10).

5. 『이제 영원하신 왕, 썩지 아니하시고, 보이지 아니하시고, (   ) 지혜로우신 하나님께 존귀와 영광이 영원무궁토록 있을지어다. 아멘』(딤전 1:17).

6. 영적 전쟁에서 사용하는 무기는 말씀과 기도이며, 어떠한 경우에 있어서도 육신을 신뢰하지 말아야 한다. (O , X)

■ 복습 문제의 정답은 홈페이지(www.solomonbtc.org)에서 확인할 수 있습니다.

NOTES

제3과
성도의 기도와 감사(2:1-7)

『그러므로 내가 무엇보다도 먼저 권하노니, 모든 사람을 위하여 간구와 기도와 중보와 감사를 하되』(딤전 2:1).

간구와 기도와 중보와 감사를 하라

『그러므로 내가 무엇보다도 먼저 권하노니, 모든 사람을 위하여 간구와 기도와 중보와 감사를 하되 왕들과 권세 있는 모든 사람을 위하여 하라. 이는 우리가 모든 경건과 청렴함 가운데 평온하고 조용한 생활을 하려 함이라』(1,2절).

1절에서 바울은 디모데에게 다른 무엇보다도 먼저 "기도"하라고 권면하고 있다. 기도하되 모든 사람을 위하여 기도하라고 말한다. 여기서 "모든 사람"이라는 말은 말 그대로의 "모든 사람"이다. 그렇기에 그리스도인은 먼저 우리가 알고 있는 사람들 중에서 아직 구원받지 않은 사람들을 위해 기도해야 한다. 그리고 우리가 전혀 모르고 있는 사람들을 위해서도 기도해야 한다. 특히나 2절 말씀에서 바울은 왕들과 권세 있는 모든 사람을 위해서 간구와 기도와 중보와 감사를 하라고 권면한다. 1절에서의 모든 사람이라는 범주에 왕들과 권세 있는 사람들이 포함되는 것이다. 간혹 2절의 말씀을 세계 평화를 위해 기도하라는 말로 오해하는 사람들이 있는데, 이 말씀은 세계를 위한 화합이나 평화를 위해 기도하라는 말이 아니다. 2절 후반부에 있는 말씀대로 그리스도인이 모든 경건과 청렴함 가운데 평온하고 조용한 생활을 하기 위해 기도하라는 말씀이다. 예레미야는 예레미야 29:7에서 2절 말씀을 정확하게 설명하고 있다. 즉, 성도 자신의 평온한 생활을 위해 내가 살고 있는 곳을 위해 기도해야 하는 것이다.

『너희는 내가 너희를 사로잡혀가게 하였던 그 성읍[바빌론]의 화평을 구하고 그것을 위하여 주께 기도하라. 이는 그 성읍[바빌론]의 화평 가운데서 너희가 화평을 지닐 것임이라』(렘 29:7).

즉, 2절의 기도는 그리스도인 개인을 위한 기도이지 세계 평화를 위한 기도가 아니다. 예수님께서도 세상을 위해서는 기도하지 않으셨다(요 17:9). 만약 평화를 위한 기도를 하기 원한다면 예루살렘의 화평을 위해서 기도해야 한다(시 122:6). 예루살렘에 화평이 올 때에야 비로소 진정한 세계 평화가 임할 수 있기 때문이다. 그런데 예루살렘에 화평이 오는 때는, 예수 그리스도께서 이 땅에 재림하실 때이다. 따라서 진정한 세계 평화를 원한다면 주 예수 그리스도의 재림이 속히 이루어지도록 소망하며 기도해야 하는 것이다.

간구와 기도와 중보와 감사에 대한 용어를 살펴보면 다음과 같다. 간구(supplications)는 나를 포함한 누군가가 필요로 하는 것들을 공급해 달라고 요청하는 것을 말한다(빌 1:19). 기도(prayers)는 구하는 것들을 열거하는 목록이다. 즉 기도는 단순히 구하는 것을 말한다(눅 11:9-13). 중보(intercessions)는 기도가 아직 필요한 것인지 알지 못하는 누군가를 대신하여 기도하는 것을 말한다. 감사(thanksgiving)는 세 종류의 기도, 즉 간구와 기도와 중보에 모두 포함되어야 하는 내용이다. 사도 바울은 기도와 간구로 구하는 것들을 감사함으로 하나님께 알려지게 하라고 말했다(빌 4:6). 기도의 내용이 단순히 간구와 기도와 중보의 내용으로만 가득차서는 안 된다. 항상 풍성한 감사로 주님께 다가설 수 있어야 한다.

■ 새롭게 깨달았거나 적용할 내용이 있다면 적어 보세요. ■

하나님께서 원하시는 것

『이것이 우리 구주 하나님 앞에 선하고 기뻐하실 만한 일이니 하나님께서는 모든 사람이 구원을 받고 진리의 지식에 이르기를 원하시느니라』(3,4절).

2절에서 왕들과 권세 있는 모든 사람을 위해 기도하라는 말씀은, 꼭 그리스도인이 경건과 청렴함 가운데 평온하고 조용한 생활을 하기 위해서만이 아니다. 3절 말씀에서처럼, 우리 구주 하나님 앞에 선하고 기뻐하실 만한 일이기 때문이기도 하다. 왜냐하면 하나님께서는 왕들과 권세 있는 자들을 포함하는 모든 사람이 구원을 받고 진리의 지식에 이르기를 원하시고 계시기 때문이다. 따라서 그리스도인은 구원받지 않은 자들을 위해서는 그들의 구원을 위해서 기도해야 하며, 이미 구원받은 자들은 그들이 진리의 지식에 이를 수 있도록 기도해야 한다.

특히 4절 말씀은 베드로후서 3:9 말씀과 더불어 극단적 칼빈주의자들의 이단적 가르침을 배격하는 말씀 중 하나다. 칼빈주의자들의 주장대로 만일 하나님께서 진정으로 모든 사람이 구원받기를 "원하신다면"(will, "의지") 하나님의 주권적 의지에 따라 모든 사람은 구원을 받아야만 하기 때문이다. 만약 그렇지 않다면 그들이 주장하는 하나님의 절대 주권이 심하게 손상당하게 된다. 따라서 칼빈주의자들은 여기서의 모든 사람은 선택된 모든 사람이라고 주장한다. 하지만 4절에서 말하는 "모든 사람"은 1절에서 말하는 "모든 사람"이다. 이들은 2절의 왕들과 권세 있는 모든 사람들로 연결된다. 즉, "선택된" 자들과는 전혀 상관이 없고 "그리스도 안에서 선택된" 어떤 사람과도 상관이 없는 것이다. 그래서 칼빈주의 5대 강령을 따르는 모든 칼빈주의자들에게 〈킹제임스성경〉의

이 구절은 틀린 것이 된다. 이 결론에 따라서 밥 존스 대학, 테네시템플 대학, 알링톤, 스프링 필드, 리버티 침례대학에서 추천하는 모든 카톨릭 성경(ASV, NASV, NIV)들에는 하나님의 "의지"(will)가 제거되어 있다. 자신들의 철학적 사상이 하나님의 말씀에 비추어 틀린 것으로 드러나자 자신들의 썩은 교리를 지지하고자 하나님의 말씀을 변개시켜 버린 것이다. 하지만 하나님께서 원하시는 것은 〈한글킹제임스성경〉의 본문 말씀이 말씀하시는 그대로인 바, 즉 구원받지 않은 모든 죄인들이 주 예수 그리스도를 자신의 구세주로 믿고 영접함으로써 마귀와 그의 천사들을 위하여 준비한(마 25:41) 지옥의 형벌에서 구원받기를 원하고 계신다는 것이다. 그것이야 말로 우리 구주 하나님께 선하고 기뻐하실 만한 일인 것이다.

하나님과 사람 사이의 중보자

『하나님은 한 분이시요, 하나님과 사람 사이에 중보자도 한 분이시니, 곧 사람이신 그리스도 예수시라』(5절).

5절 말씀은 마리아가 중재자라는 로마카톨릭의 이단적인 교리를 배격하는 위대한 말씀이다. 로마카톨릭은 그들의 교리서에서 마리아에 대해 다음과 같이 말하고 있다.

은총의 계획 안에 있는 마리아의 모성은 주님 탄생의 예고에 믿음으로 동의하시고 십자가 밑에서도 흔들리지 않고 간직하셨던 그 동의에서부터 모든 뽑힌 이들의 영원한 완성에 이르기까지 끊임없이 지속된다. 실제로 하늘에 올림을 받으신 성모님께서는 이 구원 임무를 그치지 않고 계속하시어 당신의 수많은 전구로 우리에게 영원한 구원의 은혜를 얻어 주신다... 그 때문에 복되신 동정녀께서는 교회 안에서 변호자, 원조자, 협조자, 중개자라는 칭호로 불리신다(로마카톨릭 교회 교리서 969항).

로마카톨릭은 마리아를 중보자(중개자)라고 가르치지만 마리아는 예수 그리스도의 지상 생애 동안이나 그 후에도 어떤 사람에게 "중보자" 노릇을 한 적이 없다(눅 11:27,28, 행 1:14). 초기의 어떤 그리스도인도 사도행전 28장 가운데 마리아에게 죄들을 용서해 달라고 간청을 하거나 심지어 물 한 잔도 요청한 사람이 없다. 5절에서 "중보자"를 『**곧 사람이신 그리스도 예수시라**』고 했을 때, 여기서 "사람"은 단지 "person" 이 아니라 "man," 즉 "남자"를 말한다. 인류는 남자의 씨에 의해 전파된다. 그러므로 인류의 "중보자"는 씨를 가지고 있는 사람이어야 한다. 마리아는 씨가 없다. 하지만 마리아에게 "그녀의 씨"(창 3:15)라고 불리는 한 분이 있으니 바로 예수 그리스도시다. 이 출산은 성령님에 의해 이루어진 것이고 이 성령님은 또한 남성이다(요 14:26; 15:26; 16:13). 그러므로 어떠한 여성도 "하나님과 사람 사이의 중보자"가 될 수 없다. 로마카톨릭이 만들어 낸 "마리아"는 예레미야 44:17-19에 나와 있는 바빌론의 마귀에 지나지 않는다.

■ 새롭게 깨달았거나 적용할 내용이 있다면 적어 보세요. ■

모든 사람을 위해 자신을 몸값으로 드리신 주님

『그가 모든 사람을 위하여 자신을 몸값으로 내어주셨으니 때가 이르면 증거되리라. 이를 인하여 내가 설교자와 사도로 지명을 받았으며, (내가 그리스도 안에서 참을 말하고 거짓을 말하지 아니하노니,) 믿음과 진리 안에서 내가 이방인들의 선생이 되었노라』(6,7절).

6절은 칼빈주의자들의 제한된 속죄를 반박하는 말씀이다. 이 말씀의 참조 구절은 마태복음 20:28이다. 『**인자도 섬김을 받으려고 온 것이 아니라 섬기러 왔고, 또 많은 사람을 위하여 자기 생명을 몸값으로 주려고 온 것이라."고 하시더라.**』 칼빈주의자들은 마태복음 20:28의 말씀으로 그들의 제한된 속죄라는 거짓 주장을 입증하려 한다. "많은"이 "모든"을 의미하지 않기 때문에, 주님께서는 "선택된" 많은 자들만을 위해 자기 생명을 몸값으로 주셨다고 주장하는 것이다. 칼빈주의자들은 참고 구절을 확인하지 않고 잘못된 주장을 내세우다 자멸하고 만 셈이다. 왜냐하면 몸값에 관해 같은 내용을 말씀하시는 5절에서의 "모든 사람"은 구원받지 않은 거짓 교사들과 거짓 선지자들은 물론(벧후 2:1) 선택받지 못한 버림받은 자들이(히 10:29) 모두 포함되기 때문이다. 이에 대해 피터 럭크만 목사는 다음과 같은 예화를 들어 설명하고 있다. "뉴욕에서 온 한 양키가 포트 마이어에 있는 50가구의 재산을 몰수하려 했다. 이들이 집값을 지불하지 않았기 때문이다. 그런데 어느 날 한 낯선 사람이 이 도시로 와서, 50채의 집값을 모두 그 양키에게 지불할 만한 돈을 은행에 예치시켜 놓았다. 유일한 조건은 그 모든 집주인들이 은행에 와서 서명을 하고 돈을 인출하여 그 양키에게 지불하는 것이었다. 대부분의 집주인들은 왔다. 오지 않은 사람도 몇 있었다. 온 사람들은 모두 자기들의 빚을 갚았지만, 오지 않은 사람들은 재산을 몰수당했다. 그들이 찾지 않는 거액의 돈이 은행에 남았다. 알겠는가?"

예수 그리스도께서 자신을 몸값으로 주셨다는 것과 관련하여 일부는 주님께서 사탄에게 몸값을 지불하고 우리를 사셨다고 가르친다. 오리겐이 그렇게 가르쳤고 중세의 안셀름(Anselm, 1033-1109)도 이 말에 동의했다. 그들은 사탄이 예수님의 몸값을 받았다고 말했다. 하지만 그들이 간과한 것은 예수님께서 자신의 필요를 충족시키기 위해 사탄과 거래할 필요가 없다는 것이다. 예수님께서는 하나님이시므로 자신이 필요한 것을 스스로 취하실 수 있다. 사탄이 예수님을 시험하여 세상의 모든 왕국들과 그 영광을 보여 주면서 자기에게 경배하라고 했을 때, 예수님께서는 왕국을 차지하시기 위해서 사탄과 일종의 거래를 하실 필요가 없었다. 때가 되면 예수님께서는 사탄을 무찌르시고 그 왕국들을 차지하실 것이다. 예수님은 십자가 위에서 사탄과 일종의 거래를 하시지 않았다. 예수님은 하나님의 진노의 잔을 마신 것이지 사탄의 진노의 잔을 마신 것이 아니다. 따라서 예수님께서 몸값을 지불하신 것은 아버지께였다. 예수님은 하나님의 아버지의 거룩하신 요구, 즉 율법이 이루어져야 한다는 요구를 충족시키기 위해서 아버지께 몸값을 지불하신 것이다.

7절에서는 하나님께서 사도 바울을 지명하시고 안수하심으로 맡겨 주신 세 가지 직분이 나오는데 곧 설교자와 사도와 선생이다(요 15:16). 바울은 유대인 사도들이 행하는 표적과 기적을 행했다(고후 12:12). 그렇게 함으로 복음이 유대인들로부터 시작되었다는 사실을 확신하게 해주었다(요 4:22, 행 8:14-17). 또한 바울은 자신이 신약성경을 기록하는 동안 이방인 회심자들에게 구약을 가르치되 "믿음과 진리 안에서"(7절) 가르쳤다.

■ 새롭게 깨달았거나 적용할 내용이 있다면 적어 보세요. ■

제3과
복습문제

1. (   )는 세 종류의 기도, 즉 간구와 기도와 중보에 모두 포함되어야 하는 내용이다.

2. 『이것이 우리 구주 하나님 앞에 선하고 기뻐하실 만한 일이니 하나님께서는 (   )이 구원을 받고 진리의 지식에 이르기를 원하시느니라』(딤전 2:3,4).

3. 『하나님은 한 분이시요, 하나님과 사람 사이에 중보자도 한 분이시니, 곧 사람이신 (   )시라』(딤전 2:5).

4. 『그가 모든 사람을 위하여 자신을 몸값으로 내어주셨으니 때가 이르면 증거되리라.』(딤전 2:6)의 참조 구절은 (   ) 20:28이다.

5. 예수 그리스도께서는 자신의 몸값을 인간을 속박하고 있는 사탄에게 지불하셨다. (O , X)

■ 새롭게 깨달았거나 적용할 내용이 있다면 적어 보세요. ■

NOTES

제4과

그리스도인 자매의 적합한 행실(2:8-15)

『여자는 온전히 순종함으로 조용히
배우게 하라』(딤전 2:11).

건전한 교리를 수호하라

최근 인터넷 매체를 통해 "대학생들은 여자가 뭔지 모른다"는 영상이 화제가 된 일이 있었다. 약 5천만 명의 사람들이 이 영상을 조회했는데, 해당 영상에서는 대학생들에게 "여자란 무엇인가요?"라는 다소 단순한 질문이 대학생들에게 던져졌다. 그런데 "정치적 올바름"(Political Correctness)에 세뇌되어 있는 미국의 대학생들은 이 질문에 쉽게 대답을 하지 못했다. "XX 염색체를 가진 인간"이라거나 "자궁이 있는 사람"이라는 "생물학적인" 대답을 하는 것은, "다양한 성 정체성"을 가진 사람들의 "취향"을 존중해 주어야 한다는 그들의 신념에 위배되는 일이었기 때문이다. 그래서 그들은 앵무새처럼 "자신의 정체성이 여자라고 생각하는 사람"이라는 말만을 반복했다. 그들의 순환논증, 즉 "여자"가 무엇인지를 물었는데 다시 "여자"라는 단어를 사용해서 답한 것을 꼬집자, 대학생들은 욕을 해 대기까지 했다.

이처럼 전통적인 성 정체성과 역할의 개념은 현대인들에게서 희미해지고 있다. 그러나 "분리주의자"(창 11:8,9; 12:1)이자 "차별주의자"(창 9:25, 롬 9:13)이신 하나님께서는 남성과 여성은 서로 다르며, 이에 따라 각자의 책임과 역할도 다르다고 말씀하신다. 남자는 남자다워야 하고, 여자는 여자다워야 한다는 것이다. "여성이 못할 일은 없다!"는 말을 그들의 구호로 삼는 현대의 "지성인"들은 기겁을 하겠지만, 하나님께서는 이 사실을 분명히 하고 계신다.

검소한 옷차림과 선행으로 단장하라

『그러므로 나는 남자들이 성냄과 주저함이 없이, 어디서나 거룩한 손들을 들고 기도하기를 바라노라. 이와 같이 여자들도 검소한 옷차림으로 스스로를 단장하되 수줍음과 정숙함으로 하며, 땋은 머리나 금이나 진주나 비싼 옷으로 하지 말고, 오직 (경건함을 고백하는 여자들에게 어울리는) 선행으로 *단장하기를 바라노라*』(8-10절).

모든 사람을 위하여 자신을 몸값으로 내어주신 중보자 예수 그리스도께서 계시기에, 사도 바울은 남자들에게 어디서나 성냄과 주저함 없이 기도하라는 권면을 준다. 그리고 이어서 여자들에게도 남자들과 같은 방식을 따라 무엇인가 해야 한다고 이야기한다. 그러나 똑같은 일을 하라는 권면을 주는 것은 불가능했다. 자매들은 교회 내에서 조용히 하라는 명령을 받았기에(고전 14:34) 형제들처럼 장소를 불문하고 기도할 수는 없는 노릇이었기 때문이다. 그래서 바울은 대신 다른 것을 요구한다. 앞으로 자세히 살펴보겠지만, 그것은 주님을 신뢰하는 가운데 속 사람을 단장하며 남편에게 순종하는 일이다.

본문이 그리스도인 자매들에게 가장 먼저 요구하는 것은 검소한 옷차림이다. 어떤 옷차림이 "검소한" 것일까? 수줍음과 정숙함이라는 표현을 통해서도 알 수 있거니와, "자아를 표출하려는 욕망"이 배제된 옷차림이 바로 그것이다. 값비싼 명품이든 길거리에서 헐값에 파는 것이든 자신을 드러내고자 하는 마음으로 사서 착용했다면 모두 검소하지 못한 옷차림이 된다. 이러한 육신적인 욕망은 남녀 누구에게나 있겠지만, 특히 여성들에게서 특별히 더 크게 나타난다. 이스라엘을 영적 파탄에 빠지게 만들었던 장본인 이세벨은 최후를 맞을 때조차도 화장을 하고 머리를 꾸몄다(왕하 9:30). 여자들이 자신을 단장하는 공간인 화장대는 영어로 "vanity"인데, 공교롭게도 이 단어는 덧없음과 공허함을 뜻하기도 한다. 여자들의 덧없음은 그들의 "꾸미는 일"에 있는 것이다.

이는 성령을 따라 살아야 하는 그리스도인과는 거리가 먼 일이다. 찰스 피니는 "패션계는 복음의 영과 전면전을 벌이고 있다."라고 말하기도 했다. 그리스도인 자매라면 자신의 겉 사람을 단장하는 데에 열을 올릴 것이 아니라, 속 사람을 단장하는 일에 관심을 두어야 한다(벧전 3:3-6). 속 사람을 단장한 그리스도인 자매들은 자연스럽게 그 행실로 티가 나게끔 되어 있다. 욥파의 여인 타비다의 선행을 증명하는 데에는 말이 필요하지 않았다. 그녀가 만들어 나누어 준 겉옷과 속옷이 그녀의 선행과 구제를 증명했기 때문이었다(행 9:36-39). 잠언 31장의 여인에게 주어지는 찬사는 "그녀 자신의 일들"이다(잠 31:31). 속 사람을 단장한 사람은 무엇인가를 "드러내려고" 애쓰지 않아도 저절로 "드러나는" 법이다(딤전 4:15 참조).

본문은 땋은 머리나 금이나 진주나 비싼 옷 같은 것들을 하고 있는 것들을 아예 금지하고 있는 것은 아니다. 하나님께서는 그런 것들로 "단장"하는 것이 문제가 된다고 말씀하고 계실 뿐이다. 그리스도의 신부의 예표가 되는 리브카도 금 귀고리와 금 팔찌를 착용했다는 점을(창 24:22) 상기해 보라. 어떤 기독교 학교들에서는 옷에 관한 엄격한 규정을 두고 이를 지키는 것을 자랑처럼 생각하기도 하지만, 이는 사람들의 전통일 뿐(막 7:1-8) 하나님의 말씀과는 관계가 없다. 그리스도인이라면 그런 기준이 없어도 성령님의 인도하심과 그리스도인으로서의 양심에 따라 스스로가 해야 할 "검소한 옷차림"이 무엇인지에 대해 알 수 있다. 이런 "애매한 문제"에 관해서라면, 1964년 미 연방대법원에서 있었던 유명한 다수 의견을 참조해 봄직하다. "도대체 어디까지가 예술이고, 어디부터가 포르노냐"는 문제를 놓고

벌어졌던 그 재판에서, 대법관 포터 스튜어트는 그런 문제를 놓고 명료한 기준을 세우는 일에는 자신이 없다고 이야기했다. 그러나 그는 곧바로 이렇게 말을 이었다. "그렇지만, 보면 압니다."(But I know it when I see it.)

순종하고 조용하라

『여자는 온전히 순종함으로 조용히 배우게 하라. 나는 여자가 가르치는 것이나 남자에게 권위를 행사하는 것을 허락지 아니하노니 다만 조용할지니라』(11,12절).

어떤 이들은 이 말씀을 가지고 "여자들은 어떤 경우에도 회중 가운데서 가르쳐서는 안 된다"는 식으로 적용하려 드는데, 이는 잘못이다. 피터 럭크만은 본문에 주석을 달면서 "제미에슨, 포셋, 브라운이 해석하는 식으로 본문을 적용한다면 미국에서만도 약 50만 명의 학교 교사들이 24시간 내에 자동으로 면직되어야 한다."고 재미있게 꼬집었다. 성경은 여자라고 할지라도 다른 여자들을 가르치는 일은 할 수 있다고 말씀하신다(딛 2:3-5). 빌립에게는 예언하는 처녀 딸이 넷 있었다고 성경은 말씀하시는데, 이 딸들이 다른 이들에게 그 예언의 내용을 전혀 "가르쳐 주지" 않고 각자 방에 틀어박혀서 혼자 예언했을 것이라고 생각하는 사람은 아무도 없을 것이다. 또, 주일학교와 가정에서 아이들을 돌보는 여자들은 가르치는 일을 피해 갈 수가 없다. "이것은 먹지 못하는 것이다." 라든지 "이것은 더러운 것이다."와 같은 사실들을 "가르치는 일" 없이 어떻게 아이를 돌보겠는가? "어머니의 가르침"은 사도 바울로부터 칭찬을 받은 적도 있으며(딤후 1:5; 3:15) 심지어는 성경이 된 사례도 있다(잠 31:1). 요컨대 여자들에게도 얼마든지 가르치는 일이 허용되는 것이다. 예배를 인도하거나 설교하는 일과 같은 것을 제외하면 말이다.

본문이 말씀하시는 바는 가정 안에서 여자들이 가장인 남자를 가르치려 들거나 그 권위의 영역을 침범하면 안 된다는 것이다. 그리스도인 자매라면 직접적으로 죄를 지으라고 명령하는 게 아닌 한, 항상 남편에게 군말 없이 순종해야 한다. 설령 남편의 결정이 이해가 가지 않거나 잘못되었다고 할지라도 말이다. 결정이 이루어지기 전에 의견을 제시할 수는 있겠지만, 결정된 사안에 대해서는 더 이상 불평하거나 계속해서 의문을 제기해서는 안 된다. 성경은 자매들에게 아브라함을 주(lord)라고 부르면서 복종했던 사라처럼 행하라고 권면한다(벧전 3:5,6). 사라는 하나님을 신뢰하는 거룩한 여인으로서 남편의 권위에 순종했을 때 하나님께서 결과를 주관하실 것임을 믿었다. 그래서 아브라함이 갑자기 온 손님이 있으니 음식을 해 오라고 명령했을 때도(창 18:6), 내 아내임을 숨기고 누이라고 말하라고 했을 때도(창 12:13) 사라가 토를 달았다는 기록은 전혀 없다. 권위란 오라면 오고 가라면 가게 하는 것이며(마 8:9), 한 마디 말로도 그 아래 사람을 즉시 명령한 일에 착수하게끔 하는 것이다(눅 7:7). 작은 것 하나 빠뜨리는 일 없이 말이다(삼상 15:13-23). 자매들은 이러한 권위가 남편에게 주어졌다는 사실을 잊지 말아야 한다.

하나님께서는 결혼한 여자는 남편이 주관하며, 그 바람도 남편에게 있을 것이라고 말씀하셨다(창 3:16). 따라서 그리스도인 자매들은 애당초에 순종할 만한 사람을 남편으로 선택해야 한다. 결혼한 자매들은 마치 경마장에 앉아 있는 사람들의 처지와 비슷하다. 그저 자신이 선택한 경

주마, 즉 남편이 잘 뛰기를 바라는 것 외에는 할 수 있는 것이 없기 때문이다. 다른 사람들보다 약간 나은 점이라고는 그 말을 "도울 수 있다는 것"(창 2:18) 정도밖에 없다. 따라서 미혼인 자매라면 이미 경기장에서 잘 달리고 있는 말을 찾아 배팅하는 편이 현명하다(고전 9:24). 레인에서 벗어나 한눈을 팔고 있거나 뛰는 법도 잘 모르는 말을 "도와서" 경주에서 이기도록 하는 일이 아주 불가능하다고는 말할 수 없을지라도, "영원"을 걸고 그런 위험한 배팅을 하는 것은 현명하지 못한 처사이다.

속임수에 주의하라

『이는 아담이 먼저 지음을 받았고 그후에 이브며, 또 아담이 속은 것이 아니라, 여자가 속아 범죄하였음이라. 그러나 그들이 정숙함으로 믿음과 사랑과 거룩함에 계속 거하면 여자가 자녀를 낳을 때 구원을 받으리라』(13-15절).

여자들에게는 무엇이든 잘 듣는 경향이 있다. 이러한 경향성에는 긍정적인 면과 부정적인 면이 모두 있다. 긍정적인 면으로는 하나님의 말씀에 경청하는 것을 들 수 있다. 주 예수님께서는 자신의 죽음에 대해 여러 번 말씀하셨지만, 그 말씀을 제대로 기억했던 사람은 베다니의 마리아 한 사람밖에 없었다(요 12:3-8). 그녀는 늘 주님의 발치에 앉아 말씀을 듣는 여인이었기 때문이다(눅 10:38-42). 부활하신 주님의 음성을 가장 먼저 들은 것도 "여인"이었던 막달라 마리아였고(요 20:11-18), 주님의 부활의 기쁜 소식을 듣고 그 소식을 최초로 사람들에게 알렸던 것도 막달라 마리아와, 요안나와, 야고보의 모친 마리아와, 또 그들과 함께한 다른 여인들이었다(눅 24:10). 비록 이 여인들이 그럴 의도를 가지고 주님께서 장사되신 무덤에 찾아갔던 것은 아니었지만 말이다. 바울이 데살로니가에서 복음을 전했을 때는 적지 않은 수의 저명한 부인들이 반응을 보이기도 했으며(행 17:4), 베뢰아에서 헬라 상류 사회의 사람들이 회심한 일에 있어서는 부인들이 남자들보다 앞서 언급되기도 했다(행 17:12).

그러나 이러한 경향성이 부정적으로 작용하면 속임수와 선동에 쉽게 당하는 모습으로도 나타날 수 있다. 유대인들이 바울 일행을 박해하려고 사람들을 선동했을 때 동참한 무리에 대해 성경이 말씀하실 때, "부인들"은 남자들보다도 앞서 언급된다(행 13:50). 은사주의 사기꾼들에게 속아 그들을 열성적으로 좇는 이들도 대부분 여인들이며, 본문에 있는 대로 최초의 여자였던 이브도 뱀의 말을 듣고 속아 범죄하고 말았다. 남자, 곧 아담은 속아서 범죄한 것이 아니었다. 아담은 뱀의 말과는 반대로 그 열매를 먹으면 반드시 죽는다는 것을 알았다. 그럼에도 그는 그 대가를 감수하기로 했을 뿐이다.

이브처럼 속아 범죄하는 일을 방지할 수 있는 가장 확실한 방법은 신뢰할 만한 절대적 기준을 두는 것이다(시 119:11). 전투기 조종사들은 자신에게 속지 않기 위해 끊임없이 "계기를 믿으라"고 훈련받는다고 한다. 공중에서 빙빙 돌고 속력을 바꾸면서 한참 날다 보면, 노련한 조종사라도 어느 쪽이 바다이고 어느 쪽이 하늘인지 헷갈린다고 한다. 이를 "비행 착각"이라고 하는데, 이러한 착각에 빠져 사고가 나는 사례가 심심치 않게 있다. 조종사는 설령 자신이 느끼는 방향 감각과 다르다고 할지라도, 계기를 보고 위아래를 판단해야 사고를 면할 수 있는 것이다. 이브는 이 일에 실패했다. 그 열매를 먹는 날에는 반드시 죽는다는 하나님의 말씀을 절대적으로 신뢰하지도 못했을 뿐더러 제대로 기억하지도 못했다(창 3:2,3).

사탄은 더 연약한 그릇인 아내들을(벧전 3:7) 속임수로 공격함으로써 그리스도인 가정을 파괴할 기회를 늘 엿보고 있는데, 임신과 출산의 시기는 그 일을 실행할 만한 최적의 시기다. 그래서 특별히 바울은 본문에서 여자가 "자녀를 낳을 때 구원받는 일"에 대해 쓰고 있다. 문맥적으로 볼 때, 바울이 이 대목에서 말하고 있는 "구원"은 "속임수로부터의 구원"이다. 즉 자매들이 임신과 출산의 때에 사탄에게 속아 낙심하거나, 기쁨을 잃고 우울해지거나, 남편을 원망하는 등의 죄들에 빠지지 않으려면 남편에게 온전히 순종하는 가운데 속 사람을 단장하면서 정숙함으로 믿음과 사랑과 거룩함에 계속 거해야 한다는 것이다.

흔히 "구원"이라고 하면 "혼의 구원"만을 떠올리지만, 성경에는 "영적 공급을 받는 구원"(빌 1:19), "죄의 능력으로부터의 구원"(빌 2:12), "거짓 교리로부터의 구원"(딤전 4:16), "병으로부터의 구원"(약 5:15)등 다양한 종류의 "구원"이 제시되어 있다.

창세기의 재창조 기사를 읽어 내려가다 보면, 인간이 얼마나 독특한 존재인지를 새삼 깨닫는다(시 8:3,4). 하나님께서 빛이 있으라고 하시면 빛은 있어야 했다. 하나님의 말씀이 있으면 모든 것이 그대로 되었다. 그런데, 유일하게 "예외"가 된 말씀이 있었다. 바로 『**선과 악의 지식의 나무에서 나는 것은 먹지 말라.**』(창 2:17)라는 말씀이었다. 이 말씀은 그대로 이루어지지 않은 것이다. 인간이 "불순종"이 가능한 특별한 존재로 창조되었기 때문이다. 하나님께서는 인간에게 자유의지를 주셔서 자발적인 마음으로 그분께 순종하기를 원하셨던 것이다. 이 일에 실패한 아담으로 인해 인류가 불순종의 자녀들로(엡 2:2) 전락하자, 하나님께서는 자신의 아들을 이 땅에 보내시어 순종을 배우게까지

하시면서 이 문제를 해결하셨다(히 5:8). 하나님께서는 이토록 우리들의 "순종"을 바라시는 것이다.

성경은 그 중에서도 그리스도인 아내들에게 특별한 "순종의 도전"을 주고 계시는데, 바로 주 예수님께서 아버지 하나님께 순종하셨듯이, 남편들에게 복종하라는 것이다. (벧전 2:21부터 3:1절까지를 주의 깊게 읽어 보라.) 아내들이 "이건 좀 아니지 않느냐고" 소리를 지르는 자아를 십자가에 못박아 버리고 남편에게 복종하는 일이란, 우리를 위해 자기 아들을 아끼지 않고 내어주신 그분께 돌려드릴 수 있는 가장 가치 있는 보답 가운데 하나다.

■ 새롭게 깨달았거나 적용할 내용이 있다면 적어 보세요. ■

제4과
복습문제

1. 하나님께서는 모든 사람을 평등하게 대우하시며, 어떤 차별도 두지 않으신다. (O , X)

2. 하나님께서는 그리스도인 자매들에게 검소한 옷차림을 요구하시면서, 장신구와 같은 것들은 일절 금지하셨다. (O , X)

3. 여자에게는 어떤 형태로든 가르치는 일이 금지된다. (O , X)

4. 벧전 3:5,6에서 하나님께서는 자매들이 남편에게 복종해야 함을 말씀하시면서 (   )를 그 예시로 제시하신다.

5. 아담과 이브는 모두 속아서 범죄했다. (O , X)

6. 딤전 2:15의 말씀은 여자가 자녀를 낳지 않으면 구원받을 수 없다는 교리를 담고 있다. (O , X)

■ 복습 문제의 정답은 홈페이지(www.solomonbtc.org)에서 확인할 수 있습니다.

NOTES

제5과

이상적인 목사와 집사의 자격(3장)

『만일 어떤 사람이 감독의 직분을 원하면 그가 선한 일을 사모한다는 그 말은 참되도다』(딤전 3:1).

선한 일을 사모하는 목사

어떤 사람이 "목사"의 직분을 원한다면, 즉 진정한 의미에서의 "목사"가 되기를 갈망한다면, 그 사람은 "예수 그리스도 안에서 선한 일을 사모하는 사람"인 것이 분명하다. 왜냐하면 그는 예수 그리스도를 위하여 "고생스러운 인생"을 감수하기로 결심한 매우 훌륭한 그리스도인이기 때문이다. 예수 그리스도께서는 분명히 『**누구든지 나를 따라 오려거든 자기를 부인하고 날마다 자기 십자가를 지고 나를 따르라.**』(눅 9:23)라고 말씀하셨고, 사도 바울도 『**실로 그리스도 예수 안에서 경건하게 살고자 하는 모든 사람은 박해를 받을 것이라.**』(딤후 3:12)라고 말했다. 목사는 십자가를 지고 박해받는 양들을 모두 이끌고 가는 목자로서 실로 그의 삶은 성도와 사역을 위해 눈물의 기도와 고난의 가시밭길이 분명하다. 이러한 어려움에도 불구하고 그 성도가 "목사"의 직분을 사모한다면, 그는 "예수 그리스도"를 위해 무엇이든지 기꺼이 할 마음을 가진 사람일 것이며, "선한 일을 사모하는 사람"이라는 성경의 표현은 그에 대한 가장 적합한 표현인 것이다.

세상과 타협하여 목사로 생계를 이으려는 사람들은 목사가 교인들에게서 받는 "존경"과 일부 비성경적인 대형 교회 목사들이 받는 "보수"에 관심을 둔다. 예수 그리스도를 따르지 않고, 세상 사람들의 평판과 보수를 따르는 그들은 설혹 세상적으로는 성공적인 목회를 하여 자기가 원한 "존경"과 "보수"를 받을 수도 있겠지만, "그리스도의 심판석"에서는 빈털터리라는 사실을 분명히 알아야 할 것이다.

이상적인 목사의 자격 I

> 『그러므로 감독은 비난받을 일이 없어야 하고, 한 아내의 남편이어야 하며, 절제하고 신중하며, 예의 바르고 대접하기에 힘쓰며, 가르치기를 잘하고 술을 즐기지 아니하며, 구타하지 아니하고, 더러운 이익을 탐내지 아니하며, 오직 잘 참고, 다투지 아니하며, 탐욕스럽지 아니하고』(2,3절).

디모데전서 3장에서 제시하는 목사의 자격은 총 16가지이다. 그러나 맨 처음에 나온 『**비난받을 일**』이 없어야 한다는 조건이 뒤에 나오는 15가지 조건을 모두 아우른다고 할 수 있다. 무언가 『**비난받을 일**』이 있는 사람은 성도들이나 교회 사역을 위해 뭔가 하기보다는 그 "비난"을 방어하거나 그 비난의 문제를 해결하는 데 많은 시간과 노력을 들여야 하기 때문에 사역자로서 적합하지 못하다. 목사는 사역을 위해 헌신한 사람으로서, 사역을 위해 시간과 노력을 기울여야 하는데, 개인적으로 비난받을 만한 것을 가지고 있으면 사역에 걸림돌이 되어 적합한 열매를 낼 수 없게 되기 때문이다.

오해하지 말아야 할 것은, 여기에서 언급되는 『**비난받을 일**』은 목사가 성경적인 사역을 하면서 세상으로부터 받을 수밖에 없는 "비난"을 의미하는 것이 아니라는 사실이다. 오히려 성경적인 사역을 하면 당연히 받게 되는 비난을 받지 않는 목사가 있다면, 그야말로 그는 "목사"의 자격이 없는 것이다. 사도 바울과 그 동역자들은 『**세상을 소란케 한 자들**』(행 17:6)이라는 비난을 받았고, 바울은 『**말쟁이**』(행 17:18)라는 비난도 받았다. 이런 말을 들은 이유는 사도 바울이 『**예수와 부활을 그들에게 전파하였기 때문**』(행 17:18)이었다. 그러므로 『**예수와 부활**』을 전파하기 위해 거리에서 설교하다가 행인들과 상인들에게 비난을 받고 경찰에 신고를 당한 적이 없는 목사는 가짜 목사이다.

목사가 『**비난받을 일**』이 없어야 한다고 말할 때, 그 항목은 주로 인격과 도덕에 관한 것임을 기억해야 한다.

1. 목사는 한 아내의 남편이어야 한다.

『**한 아내의 남편**』이라는 말씀의 1차적인 뜻은 여러 아내의 남편이어서는 안 된다는 것이다. 그러나 이 말씀은 몇 가지 중요한 기준을 제시해 주신다. 일단 목사는 남자여야 한다. 여자 목사를 인정하는 교단들은 그들의 교리가 비성경적이라는 사실을 분명히 알아야 한다. 또한 목사는 결혼한 사람이어야 한다. 사도 바울처럼 결혼을 하지 않은 사람도 하나님을 위해 많은 일을 할 수 있지만, 결코 목사는 될 수 없다.

목사는 아내가 한 사람이어야 한다. 문화권에 따라서는 여러 남편이나 여러 아내를 두는 것이 허용되기도 하지만, 그러한 문화권에 있는 사람일지라도 목사가 되려면 아내는 한 사람만 두어야 한다. 그러면 목사가 이혼 또는 재혼하는 경우는 어떻게 판단해야 하는가? 하나님께서는 우리에게 『**건전한 생각의 영**』(딤후 1:7)을 주셔서 이 문제를 "**그리스도인의 상식**"으로 판단하게 하신다. 사별, 부정, 유기의 사유가 생기면 아내가 없게 된 것이며, 이런 이유로 재혼한 경우에도 『**한 아내의 남편**』이 된 것이다. 재혼까지 일시적으로 아내가 없는 상태가 된 것은 『**비난받을 일**』이 아니며, 목사의 자격에 영향을 주지 않는다.

2. 목사는 절제하고 신중하며, 예의 바르고 대접하기에 힘써야 한다.

무절제하고 경망스러우며 무례하고 푸대접하는 사람은 "**목사**"뿐만 아니라 진정한 의미의 "**그리스도인**"이 될 수도 없다. 『**자기 십자가**』를 진 사람에게 "무절제," "경망," "무례," "푸대접" 같은 말이 어울릴 수 있겠는가? 그러나 "절제"가 "과도한 자기억제나 금욕"을, "신중"이 "우유부단"을, "예의"가 "과도한 겸양"을, "대접하기"가 "무조건적인 배려와 선심"을 의미하지 않는다는 사실은 분명하다. 오히려 이러한 것들은 "자의적 겸손과 헛된 과장"(골 2:18)에 불과하다. 남에게 보여 주기 위해 겉모습만 그렇게 보이게 의도하는 것처럼 어리석은 것이 있겠는가? 사람의 눈을 의식하는 목사는 하나님의 뜻에 따라 올바른 사역을 할 수 없게 된다. 성령의 인도하심을 받는 목사의 "절제, 신중, 예의, 대접"은 자연스럽고 편안한 것이지, 인위적, 가식적, 위선적인 것이 아니다.

"절제"는 "권위자"로서 "일상생활에서의 모범"이 된다. 무절제하고 낭비하는 사람은 기본적으로 권위자로서의 위엄을 가질 수 없다. "신중"은 "권위자"의 "영적 업무 수행 능력"을 보여 준다. 신중하지 못하게 결정하고 실행하다가 하던 일을 번복한다면, 어떻게 성도들이 확신을 가지고 권위자를 따를 수 있겠는가? "예의"는 "대인관계 능력"의 기본 척도이다. 목사가 성도와 상담하다 말고 전화를 받거나 성도를 바라보지 않고 다른 곳을 바라본다면 그 사람이 목사에게서 인격적인 존중을 받는다고 생각하겠는가? "대접"은 집에 막 초대해서 고급 음식을 먹여 주거나 비싼 선물을 주는 그런 대접을 말하는 것이 아니다. 그런 것은 성도들에게 오히려 부담을 주고 목사를 피하게 만든다. 목사에게 더 큰 대접이나 선물을 해 달라는 무언의 압력으로 받아들여질 수도 있다. 그리고 성경적인 목사는 그렇게 할 수 있을 만큼의 보수를 받을 리도 없다. 오히려 목사는 성도에게서 모든 좋은 것을 받아야 한다(갈 6:6). 여기서 "대접"은 그 성도가 처한 상황에 적합한 대우를 말하는 것이다. 아픈 성도에게는 병문안을, 경제적으로 어려운 성도에게는 교회 차원의 경제적 배려를, 가정 문제가 있는 성도에게 상담과 심방을 하는 것과 같은 것을 의미한다. 물론 필요에 따라 초대해서 식사를 같이 하는 것도 포함될 수 있다. 그러나 순수한 대접일지라도 그것이 생색과 부담으로 느껴지게 해서는 안 되므로 "신중"한 배려가 필요하다.

3. 목사는 가르치기를 잘해야 한다.

설교나 강의에서 성경을 잘못 가르치는 목사는 하나님 앞에 큰 죄를 저지르고 있는 것이다. "진리"를 전파해야 할 목사가 "오류"를 퍼뜨린다는 것은 있을 수 없는 일이다. 그러므로 목사는 성경을 잘 알아야 하고, 성경을 잘 알기 위해 자기 스스로도 열심히 성경 공부를 해야 한다. 그리고 성도들을 어떻게 잘 가르칠 수 있는지 열심히 연구해야 한다. 성도들을 "진리"로 양육하여 영적 전투를 수행할 수 있는 "그리스도의 군사"(딤후 2:3)로 양육할 수 없는 목사는 목사의 자격이 없다. 성경에서도 『**잘 다스리는 장로들을 배나 존경할 사람으로 여기되 특별히 말씀과 교리에 수고하는 이들에게 그리할지니라.**』(딤전 5:17)라고 말씀하신다. 많은 교회들과 목사들이 있지만, 『**말씀과 교리에 수고하는**』 목사는 성경대로 믿는 교회의 목사들뿐이다. 그들 외에는 모르면서도 아는 체하며 "오류"를 퍼뜨리는 "가짜 목사"들이다.

4. 절제와 인내의 재강조

3절의 『**술을 즐기지 아니하며, 구타하지 아니하고, 더러운 이익을 탐내지 아니하며, 오직 잘 참고, 다투지 아니하며, 탐욕스럽지 아니하고**』를 보면, 『**술을 즐기지 아니하며**』는 『**오직 잘 참고**』와 대응되고, 『**구타하지 아니하고**』는 『**다투지 아니하며**』와 대응되며, 『**더러운 이익을 탐내지 아니하며**』는 『**탐욕스럽지 아니하고**』와 짝을 이루는 표현임을 알 수 있다. 사도 바울은 이 6가지 항목 모두에서 목사의 "인내와 절제"를 다시 한번 강조하고 있는 것이다.

목사는 당연히 발효된 술은 쳐다보지도 말아야 한다(잠 23:31). 즐기는 것은 더욱 안 된다. 목사는 가능한 한 모든 이와 화평하게 지내야 한다. 다투거나 구타하는 것은 더욱 안 된다. 『**주의 종은 다투어서는 아니되고, 모든 사람들에게**

온유하며 가르치기를 잘하고, 잘 참으며』(딤후 2:24). 세상에 있는 부유한 자들에게 『**선을 행하고, 선한 일에 부요하며, 기꺼이 나누어 주고, 아낌없이 베풂으로써, 자신들을 위하여 오는 때를 대비한 좋은 기초를 쌓도록 하라.**』(딤전 6:18,19)라고 말해야 할 목사가 더러운 이익을 탐내고 탐욕을 부려서는 안 되는 것은 너무도 당연하다. 이 모든 말씀은 목사에게 "**인내와 절제**"의 본을 보이도록 요구하시는 것이다.

이상적인 목사의 자격 II

『자기 집안을 잘 다스려서 온전한 위엄으로 자기 자녀들을 순종케 하는 사람이어야 하리라. (사람이 자기 집안을 다스릴 줄 모르면 어떻게 그가 하나님의 교회를 돌볼 수 있으리요?) 초신자여서도 아니되나니, 이는 그가 교만으로 높아져 마귀의 정죄함에로 빠질까 함이라. 또한 외부 사람들로부터도 좋은 평판을 받아야 할지니, 이는 그가 비방과 마귀의 올무에 빠지지 않게 하려는 것이라』(4-7절).

가족은 다른 사람들이 모르는 목사의 모습을 잘 아는 사람들이다. 목사가 다른 사람이 알아서는 안 되는 모습을 가지고 있다면 결코 가족에게는 존경을 받지 못할 뿐만 아니라, 그것이 가족들의 행동에서 드러나게 되어 있다. 목사의 가식과 위선이 개선되지 않고, 자녀들이 그 모습을 보면서 성인으로 자라면, 목사는 더 이상은 자기 자녀들을 통제할 수 없게 된다. 가족들이 그 목사의 비위생적인 습관, 나태, 이기심, 탐욕, 무절제, 교만, 독선, 폭언 등을 다른 사람들에게 폭로하지는 않을지라도 그러한 가식과 위선은 자녀의 건전한 성장을 방해하기 때문에 자녀에게 이상한 부분들이 생기게 되며, 성도들도 그것을 눈치

채게 된다. 결국 아무도 목사를 존중하지 않게 되고, 어느 날 그 교회에는 그 목사 한 사람만 남게 된다.

초신자는 교회의 올바른 전통에 익숙하지 못하고, 아직 세상 사람들의 생활 감각을 가지고 있기 때문에, 교회의 사역에서 작은 부분이라도 바른 판단을 하지 못할 가능성이 있다. 작은 착오나 실수도 마귀에게 틈을 제공할 수 있기 때문에 유의해야 한다. 그러므로 교회에서 주일학교 교사 등의 일을 맡길 때에는 능력 여부를 떠나 초신자를 피해야 한다. 하물며 교회의 목사가 초신자라면 더욱 위험하다. 연륜이 없어서 교만할 가능성이 더 높기 때문이다. 독선적으로 잘못된 결정을 하여 일이 잘못되고 있는데도 자신의 판단 실수인 것을 깨닫지 못하고 잘못된 일의 원인을 엉뚱한 곳에서 찾는 것이 바로 교만이며, 교만한 자들은 이러한 일을 반복한다. 평범한 상황은 초신자들도 잘 대처할 수 있겠지만, 연륜은 결정적일 때 위력을 발휘하는 경우가 많다. 특히 원칙과 예외 사이에서 현명한 결정을 내리는 능력은 연륜 없이 잘 이루어지지 않기 때문이다.

사도 바울은 마지막으로 다시 한번 『**비난받을 일**』이 없어야 한다는 핵심을 강조한다. 『**비난받을 일**』이 없어야 할 뿐만 아니라, 더 나아가 목사가 "외부 사람"들로부터도 『**좋은 평판**』을 받을 만한 사람이어야 한다는 것이다. 그런데 "외부 사람"은 "세상 사람"이라는 뜻이 아니다. 세상 사람들은 세상에 아부하는 목사들, 즉 지옥은 전하지 않고 사회봉사 활동을 하는 목사들에게 『**좋은 평판**』을 준다. 여기서의 외부 사람은 "세상에 사는 객관적인 판단을 가진 사람들"과 "성경대로 믿는 다른 교회의 사람들"이다. 이런 사람들은 "그 교회는 건축법을 위반해서 재건축을 했어요." "그 교회 목사는 수입을 적게 신고해서 탈세를 했다던데요."와 같은 객관적인 『**비방**』을 할 수 있다. 반대로 "그 교회 주변은 항상 깨끗해요." "그 교회 목사님은 청렴하고 검소해서 헌금이 꽤 많이 들어오는 교회인데도 아직 전셋집에서 생활한다네요." "그 교회 목사님은 수입이 적은데도 가난한 성도에게 개인적으로 얼마씩 도움을 주었답니다."와 같은 『**좋은 평**

판』을 할 수도 있다. 목사는 외부 사람들로부터도 『**좋은 평판**』을 받는 사람이어야 한다.

이상적인 집사의 자격 I

『이와 같이 집사들도 신중하고, 일구이언하지 아니하며, 술에 인박이지 아니하고, 더러운 이익을 탐내지 아니하며 순수한 양심 안에 믿음의 신비를 가진 사람이어야 하느니라. 이런 사람들을 먼저 관찰해 보고, 그후에 비난받을 것이 없으면 집사의 직분을 수행하게 할지니라』(8-10절).

집사의 자격은 목사의 자격과 크게 다르지 않다. "가르치기를 잘해야 한다"는 조건이 강조되지 않았을 뿐, 『**신중**』해야 하고, 『**더러운 이익**』을 탐내지 않아야 한다는 조건처럼 대체로 목사의 자격과 유사하다. 유의할 점은 목사의 자격에서와 마찬가지로 『**비난받을 것**』이 없어야 한다는 점이 여전히 핵심적으로 강조되고 있다는 것이다. 10절에서 『**비난받을 것이 없으면 집사의 직분을 수행하게 할지니라.**』라는 말씀과 같이 성경은 최종 판단 기준을 『**비난받을 것**』이 있느냐 없느냐로 제시하고 계시기 때문이다. 집사에게 추가로 강조된 부분은 『**일구이언하지 아니하며**』이다. 일을 맡은 사람들은 많은 사람들을 대면하면서 "말"을 하게 되는데, 이때 주의할 점이 일구이언하는 것이다. 상황에 따라 생각나는 것을 그대로 말하게 되면, 그때 한 말과 이때 한 말이 다르게 되어 있다. 누구나 주의해야 하지만, 집사는 하나님의 일을 맡은 사람이므로, 맡은 일에 마귀에게 틈을 주지 않기 위해 "말"에 더 "신중"해야 한다.

집사의 자격에서 독특한 한 가지는 『**순수한 양심 안에서 믿음의 신비를 가**

진 사람』이라는 표현이다. 『**순수한 양심**』이란 "하나님을 섬기는 자의 마음가짐"(딤후 1:3)이다. 『**믿음의 신비**』란 그리스도인의 믿음의 기초가 되는 일곱 신비를 말한다. 일곱 신비란 "**하나님께서 육신의 몸을 입고 나타나신 신비**"인 "**경건의 신비**"(딤전 3:16), "**구원받은 그리스도인들 안에 예수 그리스도께서 내주하시는 신비**"(골 1:27), "**눈 깜짝하는 순간에 그리스도의 몸인 교회가 지상에서 사라지는 신비**"인 "**휴거의 신비**"(고전 15:51-56), "**사탄이 육신의 몸을 입고 지상에 나타나는 신비**"인 "**불법의 신비**"(살후 2:7,8), "**일곱 머리와 열 뿔을 가진 짐승(적그리스도) 위에 앉아 있는 한 여인(로마카톨릭)에 관한 신비**"인 "**큰 바빌론의 신비**"(계 17:5), "**예수 그리스도와 그분의 신부인 교회에 관한 신비**"(엡 5:31,32), "**이스라엘의 회복에 관한 신비**"(롬 11:25,26)를 말한다. 이러한 신비에 대한 확고한 믿음이 그리스도인의 믿음의 기초이므로, 교회에서 일을 맡은 집사는 이러한 지식과 믿음의 기초가 확실해야 한다.

이상적인 집사의 자격 II

『그들의 아내들도 이와 같이 신중하고 중상하지 아니하며, 절제하고 모든 일에 신실해야 하리라. 집사들은 한 아내의 남편으로서 자신의 자녀와 집안을 잘 다스려야 할지니라. 집사의 직분을 잘 섬긴 사람들은 자신들을 위하여 좋은 지위를 얻고 또 그리스도 예수 안에 있는 믿음 안에서 큰 담력을 얻느니라』(11-13절).

집사의 자격 요건에 집사들의 아내들의 자격 요건이 포함되어 제시된다. 그렇다면 집사의 아내가 아닌 자매들은 『**신중하고 중상하지 아니하며, 절제하고 모든 일에 신실**』하지 않아도 되는가? 그리스도인 자매들은 모두 이러해야 한다. 그러나 집사가 『**비난받을 일**』이 없으려면, 집사의 아내도 『**비난받을 일**』이 없어야 한다. 그렇기에 집사도 목사와 마찬가지로 『**한 아내의 남편으로서 자신의 자녀와 집안을 잘 다스려야 할지니라.**』라는 자격 요건이 부여된다.

하나님의 일을 맡은 모든 성도가 "**신중하고 절제하고 신실**"해야 한다. 그런데 집사의 아내에게는 『**중상하지 아니하며**』라는 자격 요건이 추가되어 있다. 집사에게 『**일구이언하지 아니하며**』라는 자격 요건이 추가되어 있는 것과 같은 맥락이다. 집사의 아내도 일을 하면서 많은 사람들을 대면하며 "**말**"을 하게 된다. 일부러 『**중상**』하는 경우가 아니더라도 타인에 관하여 말을 하게 되면 그것이 의도치 않게 『**중상**』처럼 되는 경우가 흔하다. 그러므로 집사들의 아내들도 하나님의 일을 맡은 사람들로서 하나님의 일에 대해 마귀에게 틈을 주지 않기 위해 다른 사람에 관하여 말할 때 "**신중**"하여야 한다.

『**집사의 직분을 잘 섬긴 사람들**』은 『**좋은 지위**』를 얻게 된다. 『**좋은 지위**』란 회사처럼 집사 위에 어떤 다른 더 높은 직급이 있어서 진급을 하게 된다는 의미가 아니다. 『**좋은 지위**』란 성도들에게 더 존중받게 되고, 영적으로 더 좋은 영향력을 주는 위치에 서게 되는 것을 의미한다. 그리고 그러한 사람은 하나님께서 그의 섬김을 인정하여 『**좋은 지위**』을 주셨으므로, 더 큰 담력을 주셔서 일을 더 잘 추진해 갈 수 있게 해 주신다. 이것이야말로 "**섬김의 부익부 현상**"이라 할 수 있다. 즉 잘 섬긴 사람은 더 잘 섬길 수 있게 해 주셔서 그리스도의 심판석에서 더 많은 상을 받을 수 있게 해 주시는 것이다.

좋은 지위

럭크만 목사는 『**좋은 지위**』에 관해 이렇게 말했다. 「이 "좋은 지위"는 겸손함(잠 18:12)과 섬김(마 20:25-28)을 통해서만 얻어진다. 왜냐하면 하나님께서는 어느 누구에게라도 이 겸손함과 섬김

이 없다면 "높은 위치"를 주시지 않기 때문이다.』

『사람의 마음은 멸망에 앞서 교만해지고, 존귀에 앞서 겸손이 있느니라』(잠 18:12). 『이방인들의 통치자들이 백성 위에 군림하고 또 고관들도 백성 위에서 권세를 행사하는 줄을 너희가 아느니라. 그렇지만 너희는 그렇게 되어서는 아니되느니라. 너희 가운데 누구든지 크게 되고자 하는 자는 너희를 섬기는 자가 되어야 하고 너희 중에 누구든지 으뜸이 되고자 하는 자는 너희의 종이 되어야 하느니라. 인자도 섬김을 받으려고 온 것이 아니라 섬기러 왔고, 또 많은 사람을 위하여 자기 생명을 몸값으로 주려고 온 것이라』(마 20:25-28).

진리의 기둥과 터전인 교회

『내가 속히 네게 가기를 바라면서 이것들을 쓰노라. 그러나 만일 내가 지체하면 네가 하나님의 집에서 어떻게 처신해야 하는가를 알게 하려는 것이라. 이 집은 살아 계신 하나님의 교회요, 진리의 기둥과 터전이니라』(14,15절).

사도 바울이 말하는 『**하나님의 집**』은 『**하나님의 교회**』로서 물리적인 교회 건물을 말한 것이 아니라 "**예수 그리스도의 몸**"인 교회를 말한 것이다. 사도 바울은 『**이것들**』을 쓴 목적이 디모데에게 『**하나님의 집에서 어떻게 처신해야 하는가를 알게 하려는 것**』이라고 말하고 있다. 『**이것들**』은 1차적으로는 디모데전서 전체이다. 그러나 구체적으로 『**이것들**』이 의미하는 것은 바울이 『**처신**』에 관해 적은 내용들이다. 즉 젊은 사역자가 어떤 자세로 사역에 임해야 하는

가를 알려 주는 것이 디모데전서의 목적인 것이다. 그러므로 이 3장에서 언급한 "**목사가 어떻게 처신해야 하는가**"와 "**어떤 사람을 집사로 임명할 것인가**"가 디모데전서를 기록한 핵심 목적임을 알 수 있다.

『**처신**』을 언급하면서 동시에 『**하나님의 교회**』가 『**진리의 기둥과 터전**』임을 언급한 것은 "**교회가 어떤 곳인지 늘 염두에 두면서 사역해야 한다**"는 사실을 강조한 것이다. 『**교회**』는 "**신약이 세워진 터전**"이다. 사도행전 2장에서 교회가 시작된 이후에 그 터전 위에서 신약성경이 기록되었다. 또 교회는 기록된 신약성경의 "**진리들을 떠받치는 기둥**"이다. 신약성경의 필사 및 보존이 예수 그리스도의 몸인 교회와 그 신실한 성도들에 의해 이루어졌을 뿐만 아니라, 신약성경의 진리들이 교회와 신실하게 말씀을 지킨 성도들에 의해 전파되었기 때문이다.

경건의 신비

『경건의 신비는 논쟁의 여지없이 위대하도다. 하나님께서는 육신으로 나타나셨고 성령으로 의롭게 되셨으며, 천사들에게 보이셨고 이방인들에게 전파되셨으며, 세상에서 믿은 바 되셨고 영광 가운데로 들려 올라가셨음이라』(16절).

젊은 사역자의 『**처신**』에 관해 주로 다루고 『**진리의 기둥과 터전**』으로서의 『**교회**』가 강조되는 맥락에서 『**경건의 신비**』가 제시되고 있는 것은 주목할 만하다. 『**경건의 신비**』가 신약 교회 시대에 기초가 되는 "**핵심**"적인 진리이기 때문이다.

사도 바울을 통해 『**경건의 신비**』에 관한 진리를 기록하게 하실 때 성령님께서는 『경건의 신비』에 관해 7가지 사항을 제시하셨다.

① **『경건의 신비』는 논쟁의 여지 없이 위대하다**.

② **하나님께서는 육신으로 나타나셨다**. 하나님께서는 하나님 자신의 피를 가지고(행 20:28), 육산을 입고 나타나셨다(눅 2:1-20). 그리고 자신의 피로 자신의 교회를 사신 바 되셨다. **『그러므로 너희 자신을 조심하고 모든 양떼에게도 그리하라. 이들을 위하여 성령께서는 너희를 감독자들로 세우셨으며 하나님께서 자신의 피로 사신 하나님의 교회를 돌보게 하셨느니라』**(행 20:28).

③ **육신으로 나타나신 하나님께서는 성령으로 의롭게 되셨다**. 예수 그리스도께서는 성령으로 의로운 일들을 행하셨으며, **『하나님께서 나사렛 예수께 성령과 능력으로 기름부어 주셔서 그분이 두루 다니시면서 선한 일을 행하시며 마귀에게 억압받는 모든 자를 치유하셨으니 이는 하나님께서 그분과 함께 계심이라』**(행 10:38). 의인으로서 불의한 자를 대신하여 고난을 받고 죽임을 당하셨으나, 성령에 의하여 부활하셨다. **『그리스도께서도 죄들로 인하여 한 번 고난을 받으사 의인으로서 불의한 자를 대신하셨으니, 이는 육신으로는 죽임을 당하셨으나 성령에 의하여 살림을 받으심으로 우리를 하나님께로 인도하려 하심이라』**(벧전 3:18).

④ **천사들에게 보이셨다**. 태어나실 때(눅2장), 시험을 받으실 때(막 1:13), 부활하셨을 때(요 20:12-14) 천사들에게 보이셨다.

⑤ **이방인들에게 전파되셨다**. 이방인에게 예수 그리스도가 전파되는 과정은 사도행전 8장에서 28장을 통해 알 수 있다.

⑥ **세상에서 믿은 바 되셨다**. 유대인들뿐만 아니라 이방인들도 전파된 말씀을 믿고 의에 이르게 되었다. **『그런즉 우리가 무슨 말을 하리요? 의를 따르지 아니하던 이방인들이 의에 이르렀으니 곧 믿음에서 난 의라』**(롬 9:30).

⑦ **영광 가운데로 들려 올라가셨다**. 예수 그리스도께서는 하늘로 승천하셨으며(행 1장, 눅 24:50,51), 하나님 오른편에 앉아 계신다(골 3:1).

제5과
복습문제

1. 『만일 어떤 사람이 감독의 직분을 원하면 그가 (   )을 사모한다는 그 말은 참되도다』(딤전 3:1).

2. 『그러므로 감독은 (   )받을 일이 없어야 하고, 한 아내의 남편이어야 하며, 절제하고 신중하며, 예의 바르고 대접하기에 힘쓰며, (   )를 잘하고 술을 즐기지 아니하며, 구타하지 아니하고, 더러운 이익을 탐내지 아니하며, 오직 잘 참고, 다투지 아니하며, 탐욕스럽지 아니하고』(딤전 3:2,3).

3. 『이와 같이 집사들도 신중하고, 일구이언하지 아니하며, 술에 인박이지 아니하고, 더러운 이익을 탐내지 아니하며 순수한 양심 안에 믿음의 (   )를 가진 사람이어야 하느니라. 이런 사람들을 먼저 관찰해 보고, 그후에 (   )받을 것이 없으면 집사의 직분을 수행하게 할지니라』(딤전 3:8-10).

4. 『경건의 신비는 논쟁의 여지없이 위대하도다. 하나님께서는 (   )으로 나타나셨고 성령으로 의롭게 되셨으며, 천사들에게 보이셨고 이방인들에게 전파되셨으며, 세상에서 믿은 바 되셨고 영광 가운데로 들려 올라가셨음이라』(딤전 3:16).

■ 복습 문제의 정답은 홈페이지(www.solomonbtc.org)에서 확인할 수 있습니다.

NOTES

복습 문제 정답

제2과

1. X
2. X
3. X
4. 슬픔
5. 홀로
6. O

제3과

1. 감사
2. 모든 사람
3. 그리스도 예수
4. 마태복음
5. X

제4과

1. X
2. X
3. X
4. 사라
5. X
6. X

제5과

1. 선한 일
2. 비난, 가르치기
3. 신비, 비난
4. 육신

< 추 천 도 서 >

목회서신

피터 S. 럭크만 지음 / 460쪽

20,000원(eBook 14,000원)

이 책은 지역 교회를 통한 하나님의 사역을 이해하게 하며, 또 지역 교회를 섬기는 신실한 성도 및 사역자의 자격을 알려 준다.

믿음의 선한 싸움을 싸우라

이송오 목사 지음 / 184쪽

7,000원(eBook 4,900원)

이 책은 우리의 영적 싸움에서 가장 기초적이라 할 수 있는 영적 분별력을 키우게 해 준다.

믿음의 좁은길

조지 문델 지음 / 152쪽

4,000원(eBook 2,900원)

이 책은 아브라함의 생애를 조명해 보는 가운데 우리가 그리스도인으로서 승리의 삶을 살수 있는 방안을 제시하고 있다.

완벽한 교회는 없는가

이송오 목사 지음 / 296쪽

12,000원(eBook 8,400원)

참 교회의 모습을 찾으려고 하는 성도들, 특히 올바른 목회를 하려고 준비하는 신학생들과 목회자에게 좋은 교과서로 제시된다.

솔로몬 성경공부 시리즈

디 모 데 전 서

제1권 믿음과 선한 양심을 붙들라(1-3장)

초판1쇄 2024년 3월 8일
초판2쇄 2024년 4월 5일
지 은 이 / 편 집 부
발 행 인 / 박 승 용
발 행 처 / 말씀보존학회
출판등록 / 제409-2022-000036호
주　　소 / 서울 강서우체국 사서함 제90호
전　　화 / (02) 2665 - 3743
팩　　스 / (02) 2665 - 3302
인 터 넷 / www.biblemaster.co.kr

값 10,000 원